7日で
できる！

公務員試験

最新【予想】

時事

令和**6**年試験対応

公務員試験専門
喜治塾

JN015644

高橋書店

>>>>>> ココが出た!

前年度版の内容が
令和5年の試験で続々的中

『2025年度版　7日でできる！　公務員試験　最新【予想】時事』の記述が、令和5年試験に出題された時事関連の問題で数多く的中しました。

　以下に一部ですが、実際に出た問題とそれを扱った箇所を掲載しています。

特別区Ⅰ類　第37問

A　リズ・トラス氏は、昨年9月、保守党党首選の決選投票でリシ・スナク氏に勝利し、党首に選出され、首相に就任した。……〇

　▶2025年度版、44ページ

　〜同年9月の保守党党首選決戦投票で、〜トラス外相が〜スナク前財務相を破り首相に就任。

C　スナク氏は、昨年10月、〜保守党党首選に立候補し、無投票で党首に選出され、首相に就任した。……〇

　▶2025年度版、44ページ

　〜トラス氏の辞任を受けた保守党党首選には、〜スナク元財務相のみが立候補し、無投票で首相に選ばれた。

特別区Ⅰ類　第38問

1　期日前投票者数は約1,961万人となり、2017年に行われた<u>衆議院議員総選挙</u>を約255万人上回り、<u>国政選挙</u>では過去最多となった。……×

　▶2025年度版、13ページ

　〜期日前投票（選挙区）が前回19年の<u>参院選</u>と比べて、約255万人増え、<u>参院選</u>としては<u>過去最多</u>の約1961万人となったと発表した。

2　選挙区の投票率は<u>48.80％</u>となり、2019年に行われた参議院議員通常選挙の投票率を<u>下回った</u>。……×

　▶2025年度版、13ページ

　〜第26回参議院議員選挙の投票率が選挙区で<u>52.05％</u>と、前回19年の参院選より3.25ポイント<u>高くなった</u>と〜

3　女性当選者数は35人で、〜参議院議員通常選挙では過去最多となった。
　　……○
　　▶2025年度版、13ページ
　　〜改選125議席のうち35人が女性となり、過去最多となった。〜

5　〜「一票の格差」が最大3.03倍となり、2019年に行われた参議院議員
　　通常選挙より最大格差が縮小した。……×
　　▶2025年度版、13ページ
　　〜「1票の格差」について最大3.032倍と、前回19年の参院選の2.998
　　倍から拡大し〜

特別区Ⅰ類　第39問

C　サイバー攻撃に備え、電気、鉄道、金融など14業種の基幹インフラの
　　事業者を対象に、重要設備を導入する際に、国が事前審査をすることと
　　した。……○
　　▶2025年度版、22ページ
　　電気、金融、鉄道、放送など14業種のインフラ関連企業が重要なシス
　　テムを導入・更新する際、〜国が事前審査する仕組みが採り入れられた。

E　核や武器の開発につながり、軍事転用の恐れがある技術の特許について、
　　非公開にする制度を導入することにした。……○
　　▶2025年度版、22ページ
　　〜原子力や高度な武器に関する特許非公開〜

都庁Ⅰ類B　第38問

2．寄附の勧誘に関し、霊感等の合理的実証が困難な特別な能力による知見
　　を用い不安をあおる行為は、不当な勧誘行為に該当し禁止されるとした。
　　……○
　　▶2025年度版、108ページ
　　〜勧誘の対象者の不安をあおっての寄付が「必要不可欠」と告げる霊感
　　商法の手法や〜を禁止。

4．〜当該法人等には、1年以下の禁錮刑又は50万円以下の罰金刑のいずれ
　　かが科されるとした。……×
　　▶2025年度版、108ページ
　　〜1年以下の懲役または100万円以下の罰金が科される。

3．昨年11月に開催されたAPEC首脳会議では〜「バイオ・循環型・グリーン経済に関するバンコク目標」承認された。……〇

　▶2025年度版、113ページ

　22年11月、アジア太平洋経済協力会議（APEC）首脳会議がタイのバンコクで開催された。〜「バンコク目標」が採択され〜

4．昨年12月に開催されたG20パリ・サミットでは、全ての国がウクライナでの戦争を非難したとした上で〜……×

　▶2025年度版、50ページ

　〜「大半の参加国がウクライナでの戦争を強く非難している」とした。

5．昨年12月に開催された生物多様性条約第15回締約国会議（COP15）では、〜2050年までに陸と海の面積の少なくとも50％を保全する「50by50」などの目標が定められた。……×

　▶2025年度版、123ページ

　〜30年までに地球上の面積のうち少なくとも30％の重要な地域を保全する目標「30by30」を盛り込む〜

1．スリランカでは、経済危機をきっかけに、政府の要職を一族で占めてきた政権に対する不満が高まり、2022年7月には抗議デモ参加者の一部が大統領公邸などを占拠した。同国は、新型コロナウイルス感染症の拡大による観光業の低迷などから深刻な外貨不足に陥り、食料や燃料などの生活必需品の不足や急激な物価上昇が進行していた。……〇

　▶2025年度版、83ページ　POINT1　スリランカで政変勃発に掲載

3．英国では〜10月に労働党のスナク党首が新首相に就任した。〜……×

　▶2025年度版、44ページ

　〜トラス氏の辞任を受けた保守党党首選には、〜スナク元財務相のみが立候補し、無投票で首相に選ばれた。

5．韓国では、2022年3月に大統領選挙が行われ、革新系最大野党「共に民主党」の尹錫悦前検事総長が当選し〜……×

　▶2025年度版、46ページ

　22年3月の韓国大統領選で、保守系最大野党「国民の力」の尹錫悦前検事総長が〜当選した。

3．線状降水帯は、次々と発生する高積雲（羊雲）が連なって〜……×

　▶2025年度版、97ページ

　次々と発生する積乱雲が列をなし〜「線状降水帯」という。

4．〜同年1月に南太平洋のトンガで発生したM8.0を超える地震により〜
……×

　▶2025年度版、96ページ

　22年1月、南太平洋の島しょ国トンガ近海の海底火山が噴火し〜

5．我が国において、防災気象情報は、災害の発生の危険度と取るべき避難
行動を理解できるように5段階の警戒レベルを用いて伝えられている。
2021年に災害対策基本法が改正され、土砂災害などの災害が発生する
おそれが高い状況において、市町村から警戒レベル4として発令されて
いた「避難勧告」と「避難指示（緊急）」の2種類の避難情報が、「避難
指示」に一本化された。

　▶2025年度版、97ページ　関連キーワードに掲載

2　気候変動に伴う「損失と被害」を支援する基金の創設が合意され、支援
対象となる国や資金拠出方法などの運用の詳細はCOP28で決めるとし
た。……○

　▶2025年度版、122ページ

　基金は途上国が求めていた「損失と被害」への資金支援のためのもの。
〜

　基金の支援対象となる「脆弱な途上国」の具体的な対象は、23年の
COP28で決める予定。

時事問題の傾向と対策

1 内容から見た傾向

　公務員試験に出題される時事問題は、就職試験でよく聞かれる時事問題とは傾向が異なります。直近のニュースや事件が一般常識レベルで取り上げられるのではなく、公務員の仕事とかかわりが深い分野（政治・経済・社会など）を中心に、ここ1〜2年の間に実施されている国の政策や制度、法改正等についてかなり細かな知識を聞いてきます。出やすい分野と内容は以下の通りです。

　　政治…政府の策定した新しい政策や計画、法制度
　　経済…景気の動向、GDP成長率、金融政策、財政政策、貿易
　　国際…主要国の政治・経済動向、地域紛争、主要な国際会議の内容
　　社会…少子高齢化等人口の動向、社会保障制度の改正、教育、最高裁判決
　　文化…環境・科学、ノーベル賞、世界遺産、スポーツ選手や文化人の業績
　　白書…経済財政白書等、各種白書に掲載されている国の政策や統計、情勢分析

　一方、公務員試験に出ないネタは、政治家がらみの事件（汚職など）、派閥や国会内での駆け引き、個別的な犯罪事件等です。これらは新聞では大々的に報道されますが、公務員試験ではほぼ聞かれることはありません。
　ただ、面接でネタになることはあり得るので、概略を知っておく必要はあります。

2 形式から見た注意点

　公務員試験の出題形式は、多岐選択式（5択）です。5つの選択肢の中には、受験生が引っかかりやすい誤りの選択肢が含まれているので、正確な知識はもちろん、正誤を見分ける感覚を磨くことも重要です。
とりわけ数字や固有名詞には注意が必要です。

3 2024年の時事問題の予想と注意点

　24年の公務員試験で出題される時事問題のネタは、23年の出来事が中心

になります。23年は新型コロナウイルスのパンデミックが収束し人々の活動が再開しました。そのため、国内・国外ともに、政治の動きやイベントなどネタが盛りだくさんです。

では、24年の試験で出やすいテーマを見ていきましょう。

国内・国際共通

2023年に開かれたG7広島サミットは最重要です。参加国の顔触れや、どのような話し合いが行われたかを押さえましょう。また、これと前後して進んだ日韓関係の改善も重要です。

経済面では資源や食料価格の高騰から世界的にインフレが進みました。米欧が利上げに踏み切った影響で、円安が進行しました。

国内ニュース

23年は岸田内閣が支持率を大きく落としています。パーティー券販売での裏金作りなどで自民党安倍派のスキャンダルが大々的に報道されていますが、試験にはほとんど出ません。原発がらみのネタである処理水放出や運転期間延長決定のほうが重要です。

また、性的少数者の理解増進法といった新法や刑事関連法改正、最高裁が下した性同一性障害特例法違憲判決、日銀新総裁による金融政策の修正などは出やすいのでしっかり覚えておきましょう。

国際ニュース

23年は前年から始まったロシアのウクライナ侵攻が継続する一方、新たにハマスとイスラエルの軍事衝突が勃発し、世界に衝撃を与えました。欧米の関心もウクライナからパレスチナに移りつつあります。

中国は不動産バブルの崩壊で経済に暗雲が立ち込め、人口も減少して世界一の座をインドに明け渡します。今後はグローバル・サウスのリーダーとしてインドの存在感が高まってゆくでしょう。

本書では24年1月までのニュースを扱っていますが、とくに、年末のニュースを集めた「1日目　最新時事直前対策」の内容は出やすいので、優先してマスターしましょう。

目次

本文デザイン・DTP：有限会社エムアンドケイ
本文イラスト：千葉さやか
校閲：新山耕作

合格者多数の
公務員試験専門校による厳選時事！

　本書には**令和6年**の公務員試験全般で出題される可能性の高い時事のテーマと内容を掲載しています。

　毎年、多くの合格者を輩出している公務員試験専門校の現役講師陣による、長年の出題傾向を分析したゆえに選び抜いたテーマと内容を掲載しているので、本書の信憑性は高いものとなっています。

　なお、具体的な特長は以下の通りです。

❶ 出題の可能性が高いテーマ順に配列

　本書では公務員試験に出る51のテーマを、出題の可能性が高い順に配列しているので、強弱をつけて学習できます。また、それらが政治、経済など、どの分野にあたるのかはテーマ名の上に記しています。

❷ ポイント、一問一答問題で各テーマ、見開き完結

　左ページで該当テーマを知るうえでの基礎知識、周辺知識といった重要な部分を集中的に解説しています。右ページではその重要な数値や語句について、一問一答問題を解きながら理解・確認できる内容となっています。

❸ 直近の重要事項を巻頭に掲載

　とくに23年末に起こった出来事については「１日目　最新時事直前対策」で集中的にまとめました。これらは理解・暗記しやすいよう、すべて一問一答形式で掲載しています。

　また、狙われやすい８つの白書についてのポイントを142ページ以降で解説しています。

❹ 模擬テスト収録

　本書の後半（7日目）では、時事だけを集めた模擬テストを2回分収録しています。形式は本試験と同じ5択式です。受ける試験によって選択肢の文字数が異なることを考慮し、1回目は選択肢が短めのテスト、2回目は長めのテストを収録しています。

1日目

最新時事 直前対策

国内政治　直近の動き

2024年度予算案を閣議決定　★★★

次の文の◯に当てはまる言葉を入れなさい。

	解答

★23年12月、一般会計総額◯兆717億円の24年度
予算案が閣議決定された。23年度の114兆3812億円
から２兆3095億円の減少。◯年ぶりに前年度から減
ったが、過去２番目の規模となった。

112

12

★減少の理由は、21年度以降、新型コロナの感染拡大
により３年連続で５兆円を計上していた◯費が、
通常の予備費（5000億円）と（　　　　）促進予備
費（１兆円）の計1.5兆円に縮小されたことによる。

予備

物価・賃上げ

★年金や医療などの「社会保障費」は、高齢化に伴い
8506億円増の◯兆7193億円。「防衛費」も27年度
までの５年間で総額◯兆円に増やす計画に基づき、
１兆1292億円増の◯兆9172億円に膨らんだ。

37

43

7

●国債の返済や利払いにあてる「国債費」は１兆7587
億円増の◯兆90億円と過去最大。（　　　）が上昇傾
向にあるため、23年度まで７年連続で1.1％に据え置
いていた国債費の想定金利を引き上げ、1.9％に設定
することが影響した。

27／長期金利

●歳入面では、「税収」は1680億円増の◯兆6080億円
を見込む。「国債」の新規発行額は6740億円減の◯
兆9490億円になる見通しだが、歳入に占める国債の
割合は31％。24年度末の国債発行残高は1105兆４
千億円に膨らむ見込み。

69

34

★「少子化対策加速化プラン」には、（　　）兆円程度を
計上。24年10月から児童手当につき①（　　）の撤
廃、②支給期間延長（　　）の年代まで）、③第◯
子以降の支給額倍増（月３万円）などが盛り込まれた。

1.3

所得制限

高校生／3

こども未来戦略を閣議決定（2023年12月）　★★★★★

次の文の◯◯に当てはまる言葉を入れなさい。

解答

● 少子化トレンドを30年までに反転させることを目指
し、24年度から3年間で◯◯兆円規模の「加速化プ
ラン」に集中的に取り組む。

3.6

★ ①経済的支援、②すべての子供・子育て世帯への支援、
③共働き・共育ての推進、が3本柱。扶養する子供が
◯◯人以上の世帯へは、国公立大学の年間授業料約54
万円を補助する等、高等教育の無償化を◯◯度から実
施する。親の就労に関係なく子供を預けられる
「◯◯◯◯◯◯◯◯◯◯◯」も導入する。

3

25

こども誰でも通園
制度

● 財源は医療・介護の歳出改革を実施し、26年度から
医療保険料とあわせて「◯◯◯◯」を徴収する。不足
する財源は特例公債（つなぎ国債）を発行する。

支援金

防衛装備移転三原則改定　★★★★★

次の文の◯◯に当てはまる言葉を入れなさい。

解答

● 2023年12月、防衛装備移転三原則と運用指針の改定
がされ、◯◯◯◯◯◯◯制限が大幅に緩和された。

防衛装備品輸出

★ これまで「輸出」は「救難・輸送・警戒・監視・掃海」
の5類型に限定し、◯◯◯◯の輸出は認めていなかっ
たが、今後は「5類型の本来業務」か「自己防護」に
必要と判断すれば輸出できるようになった。

殺傷兵器

● これに基づき、日本が国内で製造している地対空ミサ
イル「◯◯◯◯」の米国への輸出を決定し、殺傷能
力のある兵器の輸出を初めて解禁した。

パトリオット

● 日本国内で製造する「ライセンス生産品」はライセン
ス元の国に輸出できるが、ライセンス元の国が第三国
へと輸出する場合には◯◯◯◯◯◯を条件とし、「現
に◯◯が行われていると判断される国」を除外する
という制限をつけた。

日本側の事前同意

戦闘

経済・財政　直近の動き

2024年度税制改正大綱を決定 ★★★★★

次の文の◯に当てはまる言葉を入れなさい。

●23年12月、24年度税制改正大綱が決定、物価高に対応した◯策が中心となった。

★改正の目玉となる◯◯◯は、納税者本人と扶養家族を対象に、所得税◯万円、住民税◯万円のあわせて1人◯万円を24年6月に減税するとした。

一方、年収◯◯◯万円を超える人については減税の対象から外す所得制限を設けた。

●住民税が非課税の低所得者には、1世帯あたり◯万円、さらに18歳以下の子供1人につき◯万円を給付する。

住民税を支払っていても◯◯◯が非課税の世帯にも住民税非課税世帯と同じ水準を給付する。

●24年12月から◯◯◯の年代にも月1万円の児童手当が支給されることに伴い、16〜18歳の子供がいる家庭に適用される◯◯◯が26年から縮小される。

所得税控除額は38万円から◯万円に、住民税は33万円から12万円に縮小される。

●年間の課税所得が500万円までのひとり親を対象として、所得税の課税対象から35万円を差し引いていた「ひとり親控除」について、所得の制限を◯◯◯万円まで引き上げ、控除額も38万円に拡大した。

●「住宅ローン減税」は、24年入居分から減税対象となる借入額の上限が最大5000万円から◯◯◯万円に引き下げられる。ただし、◯歳以下の子供がいる場合と、どちらかが◯歳以下の夫婦に限って上限額を維持する。

解答

減税

定額減税

3／1

4

2000

7

5

所得税

高校生

扶養控除

25

1000

4500

18

39

●「リフォーム減税」は、子育てに対応したリフォームをした場合にも、上限◯万円で工事費用の10%を所得税から控除できるようになった。　25

●賃上げを実施した企業の法人税を減税する「賃上げ税制」は◯年まで延長する。最大控除率は、大企業は従来の30%から◯%に、中小企業は40%から◯%に引き上げられた。　26　35／45

これまで賃上げ税制を活用できなかった赤字企業においても、◯年以内であれば黒字になるまで減税の優遇措置を繰り越せる「繰越控除措置」を新設した。　5

●子育てや女性活躍、または従業員の教育訓練に力を入れている企業には、法人税額控除率をそれぞれ◯%上乗せで控除する。　5

●給与総額を前年度から◯%以上増やした大企業向けの税優遇枠を創設し、賃金増加分の◯%を法人税から控除するとした。　7　25

●「電気自動車等・蓄電池」や「半導体」など5分野の戦略物資を生産する企業に減税する「戦略分野国内生産促進税制」は、生産量に応じて◯年間にわたって法人税から一定額を控除する。　10

●「イノベーションボックス税制」として、特許から得た所得の◯%を課税所得から 7 年間控除する。　30

●取引先との接待などに使う交際費に関し、経費として非課税にできる「1人当たり5000円以下」の飲食費について、上限を◯万円に増額するとした。　26

●防衛費の財源確保に向けた増税については、具体的な（　　　　　）の決定を見送った。　開始時期

財源の一部とするたばこ税について、（　　　　　）の税率を引き上げて、紙巻きと同水準の負担とする方向性を新たに示した。　加熱式たばこ

日銀が大規模緩和を維持 ★★

次の文の◯に当てはまる言葉を入れなさい。

解 答

- 日本銀行は2023年12月の金融政策決定会合で、大規模な（　　　）を続けると決めた。

金融緩和策

- 日銀の金融緩和策は、①長期金利を低く抑え込む「（　　　）」と、②銀行が日銀に預ける当座預金の金利をマイナスにする「（　　　）」の2本柱。

イールドカーブコントロール

マイナス金利

　①の長期金利については22年末から修正を重ねて金利の上限を緩めてきたが、②のマイナス金利についても解除が近いという見方が市場にある。

- ★消費者物価指数の上昇率は、23年10月まで19か月連続で日銀が目指す◯％を上回っているが、それは、原材料費高騰などが大きな要因で、経済の強さによるものではないとされている。　植田日銀総裁は「実現する確度は少しずつ高まっている」としつつも、「もう少し情報を見たい」と慎重な姿勢を示した。

2

総合経済対策を決定 ★★★★

次の文の◯に当てはまる言葉を入れなさい。

解 答

- 政府は23年11月、物価高に対応するための総合経済対策を決めた。23年度補正予算に計上する◯兆円に取得税減税等を含めた支出規模は◯兆円台前半、国と地方自治体、民間投資をあわせた事業規模は◯兆円程度となる。

13.1

17

37.4

- ★1人当たり◯万円の所得税・住民税減税と住民税非課税世帯への◯万円給付のほか、（　　　）価格や電気・ガス料金の高騰を抑えるための補助金制度を24年4月末まで延長する。

4

7／ガソリン

- ほかにJAXAへの（　　　）の設置、中小企業の賃上げ支援、半導体産業への投資などを盛り込んだ。

宇宙戦略基金

米・欧の金融政策の動き ★★

次の文の◯◯に当てはまる言葉を入れなさい。

	解答

★米連邦準備制度理事会（FRB）は2023年12月、3会合連続となる◯◯◯の見送りを決めた。

利上げ

●FRBは22年春から23年7月までの1年4か月で政策金利を◯％以上引き上げ、23年内にあと1回の利上げを見込んでいたが、直近6か月はインフレ率が◯％台まで下がって落ち着きを見せたため、利上げを回避した。24年中に◯回の利下げを見込んでいる。

5

3

3

★欧州中央銀行（ECB）は2023年12月、主要政策金利を2会合連続で◯◯◯と決めた。

据え置く

●ECBは22年7月から10会合連続で主要政策金利を引き上げ、◯◯◯％としたが、インフレが落ちつきを見せる一方で景気が低迷しているため、今後は利下げに踏み切るとみられている。

4.50

●英国の中央銀行のイングランド銀行（BOE）は23年12月、3会合連続で政策金利を据え置くと発表した。BOEは21年12月から14会合連続で政策金利を引き上げ、◯◯◯％としたが、物価上昇率は落ち着いてきている。

5.25

日銀が新札発行を決定 ★★★

次の文の◯◯に当てはまる言葉を入れなさい。

	解答

●日本銀行は23年12月、1万円札、5千円札、千円札の紙幣3種類につき、デザインを一新した新札を◯◯年7月に発行すると発表した。デザインの一新は◯◯年ぶり。

24

20

★新しい1万円札の肖像には「日本の資本主義の父」とされる実業家の◯◯◯◯、5千円札には津田塾大学を創設した◯◯◯◯、千円札には破傷風の治療法を開発した◯◯◯◯が採用された。

渋沢栄一

津田梅子

北里柴三郎

社会ほか　直近の動き

旧統一教会の被害者救済特例法の成立　★★★★

次の文の◯に当てはまる言葉を入れなさい。

	解答

★世界平和統一家庭連合（旧統一教会）への高額寄付を
めぐり、被害者救済特例法が2023年12月に成立した。
教団の財産が散逸しないよう、教団が不動産を処分す
る際に国への◯◯◯◯を義務づけることや、被害者 **事前通知**
が教団を相手に訴訟を起こした場合に、◯◯◯◯を **訴訟費用**
支援することを決めた。

改正国立大学法人法の成立　★★★★

次の文の◯に当てはまる言葉を入れなさい。

	解答

●一部の国立大学に「◯◯◯◯会議」の設置を義務づ **運営方針**
ける改正国立大学法人法が2023年12月に成立した。

★理事が7人以上で、収入や収容定員などがとくに大き
い法人を「◯◯◯◯◯◯◯」に指定し、同会議の **特定国立大学法人**
設置を義務づける。東京大、京都大、大阪大、◯大、 **東北**
名古屋大・岐阜大を運営する東海国立大学機構の5法
人が対象。24年10月に施行される。

●会議は学長と外部の有識者等からなる◯人以上の委 **3**
員で構成され、中期計画や予算の決定などを行うほか、
大学運営を監督し、◯◯選考に意見を述べることも **学長**
できるなど、強い権限を持つ。

●委員の選任には◯◯◯◯の承認が必要という点に **文部科学相**
ついて「大学の自治」を脅かすという指摘が大学関係
者から相次いだため、「委員承認は恣意的に拒否せず、
大学の自主性に留意すること」という付帯決議がつけ
られた。

改正空き家対策特別措置法が施行 ★★★★

次の文の◯◯◯に当てはまる言葉を入れなさい。

解答

●改正空き家対策特別措置法が2023年12月に施行。窓や屋根が損壊するなどした危険な空き家を、市区町村が「◯◯◯◯◯◯◯」に認定することが可能になった。

管理不全空き家

★これまでの制度では、倒壊の危険がある空き家が「◯◯◯◯◯◯◯」に認定されていたが、今回はその一歩手前の空き家を「◯◯◯◯◯◯◯」とし、市区町村から改善の勧告を受けても改善されなければ、特定空き家と同様に◯◯◯◯◯◯◯の軽減が受けられなくなる。

特定空き家

管理不全空き家

固定資産税

●中心市街地や観光地を市区町村が「◯◯◯◯◯◯◯」に指定し、空き家の建て替え等をしやすくする制度や、「◯◯◯◯◯◯◯」に指定されたNPO法人などが相談や情報提供を行う仕組みも取り入れた。

活用促進区域

管理活用支援法人

EUがAI包括規制で合意 ★★★★

次の文の◯◯◯に当てはまる言葉を入れなさい。

解答

●欧州連合（EU）は2023年12月、◯◯◯◯◯◯◯を包括的に規制する法案について、大筋合意したと発表した。AIの包括的な法的枠組みとしては世界初。

人工知能（AI）

●AIによる基本的人権への脅威を防ぐことを目的に、AIのリスクを①◯◯◯◯◯◯◯、②高い、③限定的、④最小限、の4段階に分類して義務を課した。

容認できない

●未成年者に危険な行動を促すものなどをもっともリスクが高い「容認できない」として使用を禁止した。「高い」とされる分類に該当する場合には、企業は使用追跡や監査ができるよう記録を残したり、事前に◯◯◯◯◯◯◯したりする義務が課せられる。

適合性を確認

●欧州委員会に「◯◯◯◯◯◯◯」と呼ぶ監督・執行機関を設けてリスク評価を行い、リスクが高いと判断したAIには厳格な法律適用を図る。

AIオフィス

●違反した企業には、最大で3500万ユーロ（約54億円）か世界売上高の◯%のうち、高いほうの金額が制裁金として科される。

7

●生成AIや汎用AIを扱う企業にも、別途義務が課される見通し。今後細部を詰め、施行までに◯年ほどかかる見通しだ。

2

2022年学習調達度調査（PISA）の結果公表 ★★★★

次の文の◯に当てはまる言葉を入れなさい。

解答

●経済協力開発機構（OECD）が加盟国の◯歳を対象に、3年ごとに実施している学習到達度調査「PISA（ピザ）」の22年調査結果が、23年12月に発表された。

15

★日本の順位は「◯◯◯◯◯◯」が2位（前回5位）、「◯◯◯◯」が3位（前回15位）、「数学的リテラシー」が5位（前回6位）と、前回18年の調査よりいずれも上昇した。

科学的リテラシー
読解力

●日本の順位上昇の理由についてOECDは、新型コロナでの◯が他国に比べて短かったことをあげている。

休校

●参加した81か国・地域中、◯◯◯◯◯◯が3分野とも1位を独占した。

シンガポール

●重点調査対象の「数学的リテラシー」において、日本では他国と比べて◯◯◯◯と絡めた数学の授業がなく、生活面の課題を数学で解決する自信が生徒たちに低い、という傾向が指摘されている。

日常生活

ライドシェアを条件つきで解禁 ★★★★

次の文の◯に当てはまる言葉を入れなさい。

解答

★一般人が自家用車を運転して有償で客を運ぶ「ライドシェア」につき、政府は2023年12月、デジタル行財政改革会議において、◯◯や時間帯を限定して◯年4月から一部で解禁することを決めた。

地域／24

★タクシーの（　　　　　　）のデータを利用し、タクシー
が不足する地域や時期、時間帯を特定する。配車や車
両管理、運行管理は（　　　　　　）の責任で行う。

●自家用車が客を運ぶことは「（　　　）」行為として道
路運送法で原則禁止され、（　　　）などに限って例外
的に認められていたが、今後は都市部や観光地でも使
えるようになる。

配車アプリ

タクシー会社

白タク

過疎地

大谷翔平選手が移籍を発表　★★

次の文の（　　）に当てはまる言葉を入れなさい。

解答

●米大リーグ・エンゼルスからFA（自由移籍選手）と
なっていた大谷翔平選手が2023年12月、ロサンゼル
スに本拠地を構えるナショナル・リーグの（　　　　）
に移籍することが決まった。

ドジャース

●契約金額は10年で総額（　）億ドル（約1015億円）と、
大リーグ史上最高額となった。

7

●大谷は6年間、（　　　　　）・リーグのエンゼルスで、
投打の二刀流として活躍。23年に日本選手初の
（　　　　）を獲得、アメリカン・リーグのMVP（年
間最優秀選手賞）も2年ぶりに、2回目の受賞を達
成していた。

アメリカン

本塁打王

介護報酬、来年度から1.59％引き上げ　★★

次の文の（　　）に当てはまる言葉を入れなさい。

解答

●介護保険サービスの公定価格となる介護報酬について
政府は23年12月、24年度からの報酬を（　　）％引き
上げる方針を固めた。慢性的な人手不足に加え離職者
も増えているため、報酬の引き上げが必要と判断した。

1.59

●他方、診療報酬は医療従事者らの人件費にあてられる
本体部分を（　　）％、障害福祉サービスの報酬は
1.12％引き上げる方針となった。

0.88

21

環境　直近の動き

COP28をドバイで開催　★★★★★

次の文の◯に当てはまる言葉を入れなさい。

	解答

★2023年12月、国連気候変動枠組条約第28回締約国会議（COP28）で、◯年までにおよそ10年かけて行動を加速し、すべての◯から脱却することを盛り込んだ合意文書が採択された。

30
化石燃料

●化石燃料をめぐっては21年の会議で、排出削減対策がとられていない◯の段階的な削減で合意していたが、石油や天然ガスを含むすべての化石燃料を対象に脱却を進めるとしたのはCOP史上初。

石炭火力発電所

●COP28では、パリ協定の実施状況を検討し、長期目標の達成に向けた進捗を評価する「◯」を初めて実施。産業革命前からの気温上昇を1.5度に抑えるには温室効果ガス排出の◯割以上を占める化石燃料を減らすしかないという結論に至った。

グローバル・ストックテイク

7

●合意文書では、すでに地球の平均気温は1.1度上昇しており、現状各国が現在の温室効果ガス排出削減目標を達成しても、平均気温が◯程度上がる見込みであり、対策が不十分だと指摘した。

2.1度から2.8度

★具体的目標としては、30年までに再生可能エネルギーの設備容量を◯倍にし、温室効果ガスを35年までに19年比で◯％減らすなどの内容が盛り込まれた。

3
60

★化石燃料の代替として、初めて「◯」が手段の一つとしてあげられた。化石燃料をめぐっては、欧米の先進国や島しょ国などが「◯」を強く求めたのに対し、サウジアラビアなど産油国は受け入れられないという立場で交渉が難航。最終的には「◯」という表現で合意に至った。

原子力

段階的な廃止

脱却を進める

●気候変動に伴う（　　　　　　　　　）を受ける途上国への基金の詳細がまとまった。

損失及び損害
（ロス&ダメージ）

そこでは、気候変動の影響にとくに脆弱な途上国を支援の対象とすること、（　　　　　　　）の下に設置すること、先進国が立ち上げ経費の拠出を主導し、公的資金、民間資金、革新的資金源等のあらゆる資金源から拠出を受けること等が決定された。

世界銀行

● 次24年のCOP29を（　　　　　　　　　）、25年のCOP30をブラジルで開催することが決定された。

アゼルバイジャン

AZEC首脳会議を初開催 ★★

次の文の（　　）に当てはまる言葉を入れなさい。

解答

★アジアの有志国が連携して脱炭素の取り組みを進める「（　　　　　　　　　　　　　　）（AZEC）」の初の首脳会合が2023年12月、首相官邸で開かれた。

アジア・ゼロエミッション共同体

●AZECは、岸田首相が提唱したアジアの脱炭素化と経済成長を実現するための協力枠組み。（　　　　　）を除く東南アジア諸国連合（ASEAN）加盟 9 か国、日本、（　　　　　　　　）の計11か国が参加した。

ミャンマー

オーストラリア

★共同声明では、国ごとに産業構造や発展段階などに違いがあることを認め、脱炭素に向けて「（　　　　　　　　　　　）がある」と指摘したうえで、日本が資金提供や技術支援をするとした。

多様で現実的な道筋

●具体的には、天然ガスや太陽光発電（ペロブスカイト）、洋上風力発電、（　　　）、アンモニア、バイオ燃料、次世代原発の小型モジュール炉（ＳＭＲ）の活用や開発を挙げた。

水素

●これらの取り組みの司令塔として「（　　　　　　　）」をインドネシアのジャカルタに設立するほか、企業関係者や有識者による「（　　　　　　）」の設置でも合意した。

アジア・ゼロエミッションセンター

賢人会議

国際情勢　直近の動き

日ASEAN特別首脳会議開催　★★★★

次の文の◯◯に当てはまる言葉を入れなさい。

	解答

●2023年12月、日ASEAN特別首脳会議が東京で開催された。◯◯◯◯を除くASEAN加盟国9か国と、加盟が内定している◯◯◯◯の計11か国が参加した。

ミャンマー

東ティモール

★会議では、ASEAN・日本間の人的交流を強化する◯◯◯◯の立ち上げや、ASEANの自動車生産や輸出を支援する日ASEAN次世代自動車産業共創イニシアチブの創設が表明された。

次世代共創パートナーシップ

●採択された「◯◯◯◯」と題された共同ビジョンでは、質の高いインフラ投資や次世代自動車産業の競争力強化、脱炭素化を進める◯◯◯◯構想などの推進が表明された。

信頼のパートナー

アジア・ゼロエミッション共同体（AZEC）

●「海洋安全保障協力」では、沿岸警備隊の強化や防衛装備の協力、共同訓練の推進が盛り込まれた。日本と◯◯◯◯の個別会談では、日本による◯◯◯◯として、救難艇や警戒監視用ドローンなど、4億円相当の提供が表明された。

マレーシア

政府安全保障能力強化支援(OSA)

ロシア・ウクライナ情勢　★★★

次の文の◯◯に当てはまる言葉を入れなさい。

	解答

●2023年12月に開かれた欧州連合(EU)の首脳会議では、◯◯◯◯のEU加盟交渉の開始が合意された。なお、ロシアと友好的な◯◯◯◯のオルバン首相は強硬に反対して棄権している。

ウクライナ

ハンガリー

●ロシアでは◯◯◯◯大統領が24年の大統領選に立候補を表明した。

プーチン

日英伊が戦闘機を共同開発 ★★

次の文の◯◯に当てはまる言葉を入れなさい。

	解答

★日英伊は2023年12月、共同開発する次期戦闘機に関し、政府間組織「◯◯◯◯」の設立条約に署名。日本が米国以外と共同開発するのは初めてで、35年の配備を目指す。

解答：GIGO（ジャイゴ）

パレスチナ情勢 ★★

次の文の◯◯に当てはまる言葉を入れなさい。

	解答

●2023年12月、国連総会はガザ情勢に関する◯◯◯◯を開催。即時の人道的停戦を求める決議を、日本を含む153か国の賛成で採択したが、イスラエルや◯◯など10か国が反対した。

解答：緊急特別会合

米国

中国情勢 ★★

次の文の◯◯に当てはまる言葉を入れなさい。

	解答

★2023年12月、香港区議会選挙が投開票された。◯◯◯が事実上排除された選挙で、当選者全員が親中派となった。

解答：民主派

●同選挙では中国共産党に忠誠を誓う◯◯◯のみが立候補でき、投票率は過去最低の27.54％だった。

愛国者

欧州情勢 ★★★

次の文の◯◯に当てはまる言葉を入れなさい。

	解答

●スペインでは2023年11月、新首相選出のための信任投票を実施した。第2党の中道左派・社会労働党を率いる◯◯◯◯首相が再選された。
同氏は◯◯◯◯自治州独立派政党から支持を取りつけていた。

解答：サンチェス

カタルーニャ

★23年11月、オランダ下院選挙が投開票され、（　　　　　　　）排斥を掲げる極右政党・自由党が第1党となった。

イスラム系移民

★ポーランドでは23年12月、10月の総選挙で野党勢力を率いた新EU派の（　　　　　　　）を新しい首相に選出。（　）年ぶりとなる政権交代が実現した。

トゥスク元首相

8

●（　　　　　　　）は23年11月、ロシアが意図的に移民を誘導したのを理由に、東側の国境を完全に閉鎖した。

フィンランド

●フランス議会は23年12月、移民規制を強化する新たな移民法案を可決。（　　　）主義による国籍付与を見直し、滞在許可条件や社会保障を受ける条件も厳格化した。

出生地

マクロン大統領率いる与党連合が、移民排斥を訴える右翼政党・（　　　　　　　）と協力した。

国民連合（RN）

●23年12月、主要7か国（G7）の中で唯一、中国の（　　　　　　　）構想に参加していたイタリアが、離脱を正式に通知した。

一帯一路

中東・アフリカ情勢 ★★★

次の文の（　　　）に当てはまる言葉を入れなさい。

解答

●2023年12月に実施されたエジプト大統領選挙で、現職の（　　　）大統領が3選を果たした。反対派への弾圧が続く中、30年までの政権維持が決まった。
同氏は軍人出身で13年に事実上の軍事クーデターにより政権を掌握した。

シーシ

●イスラエルと敵対するイエメンの武装組織フーシが、（　　　）周辺海域で商船への攻撃を行っている問題で、米国防長官は23年12月、米英仏加など多国間の海上部隊で合同作戦に取り組むと発表した。

紅海

●同海域では日本郵船が運航する貨物船も拿捕され、海運各社は紅海を避けて（　　　）を回るルートへ切り替えていた。

喜望峰

米国・南米情勢　★★★

次の文の◯◯◯に当てはまる言葉を入れなさい。

	解答

●米国が主導する経済圏構想◯◯◯◯◯◯◯◯の首
脳会談が2023年11月、サンフランシスコで開催。交
渉4分野のうち、23年5月に合意した「◯◯◯◯」
に続き、脱炭素に向けた「クリーンな経済」と税逃れ
防止などの「◯◯◯◯◯」で実質合意した。

> インド太平洋経済
> 枠組み(IPEF)
>
> 供給網強化
>
> 公正な経済

●上記の首脳声明では、供給網強化のため、◯◯◯◯
に関する対話の枠組みを立ち上げることや、脱炭素化
のための投資の必要性に触れた。唯一合意に至らなか
った「◯◯◯◯」には「引き続き取り組む」とした。

> 重要鉱物
>
> 貿易円滑化

●ベネズエラで23年12月、隣国◯◯◯◯の「エセキ
ボ地域」をベネズエラ領とするかを問う国民投票が実
施され、95％が賛成した。同地域は◯◯◯◯の国
土の7割に及び、◯◯◯◯側は猛反発している。

> ガイアナ
>
> ガイアナ
>
> ガイアナ

★23年11月、アルゼンチンで大統領選の決選投票が行
われ、野党で極右の◯◯◯氏が初当選した。
同氏は現政権の親中から親米路線への転換を掲げ、通
貨の◯◯化などを訴えている。

> ミレイ
>
> ドル

アジア情勢　★★

次の文の◯◯◯に当てはまる言葉を入れなさい。

	解答

●2023年11月、日中韓3か国の外相が◯◯◯◯で
4年ぶりに会談。3か国の首脳会談について、「なる
べく早期」に開催する方針を確認した。

> 韓国・釜山

●原発処理水について日本は、中国による日本産水産物
全面禁輸の即時撤廃を要求し、対話による解決で一致。
日中両国間の共通利益をめぐって協力する◯◯◯◯
を推進することが再確認された。

> 戦略的互恵関係

●ミャンマー北東部では、23年10月以降、◯◯◯◯
と民主派勢力が連携して国軍への攻撃を拡大した。

> 少数民族武装勢力

APEC首脳会議開催 ★★★

次の文の ◯ に当てはまる言葉を入れなさい。

★2023年11月、アジア太平洋経済協力会議（APEC）首脳会議が、◯ で開催された。

サンフランシスコ

●首脳宣言では持続可能な貿易や投資に向けて協力することで一致した。ウクライナ侵攻や中東情勢では意見がまとまらず、米国が別に「◯」を出すこととなった。

議長声明

●会議では中国の習近平国家主席が演説し、◯ に加盟したいとの意向を改めて示した。

TPP（環太平洋パートナーシップ）

●APECは日米中ロなど21の国や地域が参加する。GDPの合計は世界の約◯割を占めているが、近年は米中対立から成果文章のとりまとめが難航している。
同会議は、24年は◯ 、25年は韓国で開催される予定。

6

ペルー

台湾総統選 ★★★★★

次の文の ◯ に当てはまる言葉を入れなさい。

解答

★24年1月、台湾総統選が行われ、与党・民進党の ◯ が約40％の得票数で当選した。

頼清徳

●与党・民進党政権は◯期連続となったが、同時に行われた立法院（議会）選挙では、過半数を獲得できなかった。

3

●最大野党・◯ の侯友宜候補は、中国との融和路線を説いたが、他の野党候補に票が分散したため、当選できなかった。

国民党

2日目

最新時事ベスト10

G7広島サミット

基本知識

G7とは、主要先進国である日本、**米国**、**英国**、**フランス**、**ドイツ**、**イタリア**、**カナダ**の7か国及び欧州連合（EU）が参加する枠組み。

年1回、G7サミット（首脳会議）を開催し、主に経済分野の政策協調について議論するが、人権や民主主義の観点から、政治や安全保障に関するテーマも扱う。

関連知識

▶ G7のこれまでの経緯

1975年に**フランス**の提案により、日本、米国、英国、フランス、ドイツ、イタリアの6か国で始まった。その後、76年に**カナダ**、77年に**欧州共同体**（EC）が加わった。91年以降はロシアが徐々に関与し、97年にはG8となったが、2014年にロシアのクリミア併合を受けて**参加が停止**された。

日本が持ち回りで議長国を務めるのは今回で**7回目**。過去には東京（79年、86年、93年）、九州・沖縄（2000年）、北海道洞爺湖（08年）、伊勢志摩（16年）でサミットが開催された。

▶ 広島サミットの概観

広島サミットでは、**グローバル・サウス**などを取り込むため、拡大会合に**インド**、**オーストラリア**、ブラジル、**韓国**、**ベトナム**、**インドネシア**、**コモロ**、**クック諸島**の8か国を招待した。また、**ウクライナ**のゼレンスキー大統領をゲストとして招くサプライズもあった。

会議に先立ち、各国首脳は**原爆資料館**を訪れた。会議終了後に出された**G7広島首脳コミュニケ**では、ロシアによるウクライナへの違法な侵攻が続く中、必要とされる限り、ウクライナ支援を継続すると表明するとともに、**核兵器のない世界**という究極の目標に向け、核抑止力にも配慮して「すべての者にとっての安全が損なわれない形」で核軍縮の努力を強化するとした。

出題ポイント

次の文の◯◯◯に当てはまる言葉を入れなさい。

☑ G7広島首脳コミュニケ（声明）の概要

● ロシアや中国の動きを念頭に、◯◯◯に基づく自由で開かれた国際秩序を維持・強化し、武力または強制力によって平和的に確立された領土を変更するあらゆる一方的な試みに強く反対するとした。

法の支配

★ 中国の経済的威圧に対抗するため、パートナーシップの多様化・深化と、◯◯◯ではなく、脱リスク（デリスキング）に基づく、経済の強靱性と経済安全保障へのアプローチを調整するとした。

切り離し（デカップリング）

● 生成AIをめぐっては、「◯◯◯」という共通のビジョンと目標を達成するため、包括的なAIのガバナンスと相互運用性に関する国際的な議論を始めると明記した。

信頼できるAI

★ 30年までに太陽光発電を現在の◯倍の1テラワット以上に増やし、洋上風力発電を◯倍の150ギガワット分増やす目標を掲げ、◯◯◯の段階的廃止も初めて盛り込まれた。

3
7
化石燃料

● すべての人が◯◯◯や性的指向とは関係なく、暴力や差別のない生活を享受できる社会を実現するとした。

性自認

☑ その他の声明

★ G7初となる◯◯◯に関する首脳声明では、◯◯◯を念頭に、経済的威圧に断固として反対すると明記。◯◯◯などの重要鉱物や半導体、蓄電池の◯◯◯の強化をG7が連携してはかるとした。

経済安全保障
中国
リチウム
サプライチェーン（供給網）

● 新興国などのパートナー国とともに食料安全保障を強化する◯◯◯を発表し、インフラ整備のため、最大◯◯◯ドルを投じることを盛り込んだ。

広島行動声明
6000億

日韓関係

基本知識

　2012年に韓国の李明博大統領が**竹島**（島根県）に大統領として初めて上陸したのを機に、日韓関係は悪化。
　その後、15年の朴政権時に**従軍慰安婦問題**は解決に向けた最終合意がなされたが、17年に文在寅大統領に代わり問題が再燃。**元徴用工問題**や**軍艦島問題**（長崎県、15年・世界文化遺産登録）に飛び火するなど危機的状況に陥っていた。

関連知識

▶ 元徴用工問題

　第2次大戦時に韓国から日本の工場や炭坑に動員された人々（徴用工）が、日本企業を相手に損害賠償請求訴訟を起こした問題。日本政府は1965年締結の**日韓請求権協定**で「完全かつ最終的に解決済みの問題」としていたが、**韓国大法院**は「不法行為による個人の賠償請求権は有効」とし、18年、新日鐵住金（現日本製鉄）に対して損害賠償の支払いを命じた。

　23年、尹政権は、元徴用工らを支援する「**日帝強制動員被害者支援財団**」（韓国行政安全省傘下）が企業からの自発的寄付をもとに、**日本企業の賠償相当額分を元徴用工に支払うことで肩代わり**する解決策を発表。日本政府はこれを受けて、「1998年に発表された『日韓共同宣言』を含め、歴史認識に関する歴代内閣の立場を全体として引き継ぐ」と表明した。

▶ 従軍慰安婦問題

　15年の日韓外相会談で、韓国政府が元慰安婦支援のため設立する財団に、日本政府が10億円を拠出し、元慰安婦らに現金支給を行うことで問題を「最終的かつ不可逆的」に解決することが確認された。しかし、合意に批判的な共に民主党の文在寅政権が、**18年に財団の解散を表明**。韓国の**憲法裁判所**も19年、慰安婦合意は「政治的な合意」にすぎず、元慰安婦らの法的権利を放棄させるといった内容は含まれていないとする判決を下した。

出題ポイント

解答

次の文の◯に当てはまる言葉を入れなさい。

☑ 日韓首脳会談

★2023年3月、元徴用工問題の解決を受け、岸田文雄首相と韓国の尹錫悦大統領による◯年3か月ぶりの日韓首脳会談が首相官邸で開かれた。

11

●両首脳は、12年の李明博大統領の竹島上陸をきっかけに途絶えていた、両国の首脳が相互に訪問する◯の再開で一致した。

シャトル外交

★会談では、両国の外務・防衛当局による◯（5年間中断）や日韓次官戦略対話の早期再開で一致した。

日韓安全保障対話

●半導体のサプライチェーンや量子技術を含めた先端技術での協力を強化するため、◯に関する枠組みを新たに創設することも決めた。

経済安全保障

●韓国側が19年に破棄を通告した、防衛情報を交換する◯についても、運用を再開することで合意した。

軍事情報包括保護協定（GSOMIA）

●23年5月、ソウルで日韓首脳会談が開かれ、元徴用工問題につき岸田首相は「心が痛む思い」を表明し、◯をめぐる韓国専門家の視察受け入れも決めた。

原発処理水

☑ 首脳会談以外での措置

★経済産業省は23年7月、19年から続けていた韓国向けの輸出規制強化をとりやめ、安全保障上問題がない国として輸出手続きを簡略化する◯に再指定すると発表した。

グループA（ホワイト国）

●経団連と韓国の経済団体「全国経済人連合会（全経連）」は、両国の若手人材交流の促進などに取り組む◯を創設した。

未来パートナーシップ基金

GX

基本知識

　GXとはグリーントランスフォーメーションの略。
　温室効果ガスを発生させる化石燃料から<u>クリーンエネルギー</u>中心へと転換し、経済システム全体を変革しようとする取り組みのこと。2022年には「新しい資本主義のグランドデザイン及び実行計画」の中で、GXが政府の重点投資分野の一つに位置づけられた。

関連知識

▶）GX実行会議

　GX実行会議とは、経済社会システム全体の変革であるGXを実現するため、22年に内閣官房に設置され、定期的に開催される会議のこと。議長は<u>内閣総理大臣</u>が務めている。

▶）GXリーグ

　GXに積極的に取り組む企業群が、官・学・金でGX実現に向けた挑戦を行うプレイヤーとともに、一体として経済社会システム全体の変革のための議論と新たな市場の創造のための実践を行う場として22年に政府が設置した。
　GXリーグとしては「<u>未来社会像対話の場</u>」「<u>市場ルール形成の場</u>」、「<u>自主的な排出量取引の場</u>」の3つの場を提供している。

▶）グリーン成長戦略

　政府は50年カーボンニュートラル目標の実現に向け、20年に「グリーン成長戦略」を策定した。
　産業政策・エネルギー政策の両面から今後成長が期待される<u>14の重要分野</u>について実行計画を策定した。

出題ポイント

次の文の◯に当てはまる言葉を入れなさい。

☑ GX基本方針と各種法律の成立

- 23年2月、政府は（　　　　　　）にて「GX実現に向けた基本方針」を閣議決定し、GXを加速させることで、エネルギーの安定供給と脱炭素分野で新たな需要・市場を創出し、日本経済の産業競争力強化・経済成長につなげていく方針が示された。

  GX実行会議

- ★原子力発電について、「運転期間は原則◯年、延長を認める期間は◯年」との制限を設けた上で、一定期間に限り延長を認めることとしている。

  40

  20

- 電力の安定供給のために原子力発電を「最大限（　）する」とした。また、次世代革新炉の開発・建設に関し、（　）を決定した原発の敷地内での建て替えを対象に具体化を進めるとした。

  活用

  廃炉

- 基本方針の中で排出削減と産業競争力強化・経済成長を実現していくための仕組みである（　　　　　　　　　）が示された。

  成長志向型カーボンプライシング構想

- ★28年度には二酸化炭素排出企業への課金制度（（　　　　　　　　　））の導入が、33年度からは排出量取引制度が導入されることが示された。

  カーボンプライシング

- 脱炭素社会の実現に関し、23年度から今後10年間で20兆円規模の（　　　　　　　）を発行し、脱炭素化に向けた投資を支援するとした。

  GX経済移行債（脱炭素成長型経済構造移行債）

- 23年5月、革新的技術開発へのGX経済移行債を活用した先行投資支援等の措置を盛り込んだ「脱炭素成長型経済構造への円滑な移行の推進に関する法律（（　　　　　　　　））」が成立した。

  GX推進法

- 同月、事業規律の強化や系統整備等の措置を盛り込んだ「脱炭素社会の実現に向けた電気供給体制の確立を図るための電気事業法等の一部を改正する法律（（　　　　　　　　））」も成立した。

  GX脱炭素電源法

日米関係

基本知識

2023年1月、岸田首相とバイデン米大統領がワシントンで首脳会談を行った。岸田首相のワシントン訪問は、21年10月の首相就任以降初。

対中国を念頭に、<u>日米同盟の抑止力、対処力を強化</u>する方針が示され、「<u>自由で開かれたインド太平洋（FOIP）</u>」の実現に向けた連携強化が確認された。

関連知識

▶ 日米同盟の「現代化」

米国の対日防衛義務と日本の基地提供義務を定める現行の**日米安保条約**は1960年に締結。安倍内閣下の2015年には、**集団的自衛権**の行使を限定容認する憲法解釈を具体化した「**安保関連法**」が成立した。

今回の日米首脳会談で岸田首相は、日本政府が国家安全保障戦略など**安保3文書**を改定し、**反撃能力**の保有と、その要となる**米国製巡行ミサイル「トマホーク」の導入**や防衛費の大幅増額を決めたことをバイデン大統領に説明。15年の安保関連法成立に続き、装備や予算の強化、増額が示された形だ。

これに対してバイデン大統領は「完全かつ徹底的に日米同盟と日本の防衛に関与する」と明言した。

▶ 対中国、対ロシアで結束する日米

23年1月の首脳会談では、日米両国が主要7か国（G7）などと連携しながら、対ロ制裁とウクライナ支援を推進していくことが確認された。そして、台頭する中国を念頭に「自由で開かれたインド太平洋（FOIP）」の実現に向けた**日米の連携強化**が確認された。23年8月には、米国の**キャンプ・デービッド**で**日米韓3か国首脳会談**を開催。3か国による首脳会談が単独で開催されるのは初。会談では「<u>法の支配</u>」「<u>核兵器のない世界</u>」の文言が盛り込まれた「<u>キャンプ・デービッド原則</u>」が採択された。

出題ポイント

次の文の◯◯◯に当てはまる言葉を入れなさい。

☑️ 日米首脳会談

- 岸田首相は◯◯◯◯◯◯◯◯◯等、安保3文書を改定し、反撃能力の保有や防衛費の大幅増額を決めたことをバイデン大統領に説明した。

国家安全保障戦略

- 反撃能力の要として、日本は米国製巡航ミサイル◯◯◯◯◯を導入する。

トマホーク

- 日本が主導する◯◯◯◯◯◯◯◯◯◯◯◯◯◯実現に向けた連携の強化が確認された。

自由で開かれたインド太平洋（FOIP）

- 経済安全保障の分野では、サプライチェーンの強靱化や、半導体やバイオ、量子、◯◯◯◯◯といった重要技術の育成・保護での協力を確認。また、宇宙分野での日米の協力を推進していく。

人工知能

☑️ 日米韓首脳会談

- ★キャンプ・デービッド原則では、◯◯◯◯◯を推し進めることを確認。中国を念頭に、力による一方的な現状変更の試みに反対する一方、ASEAN諸国や◯◯◯◯◯国と緊密に連携するとした。

法の支配

太平洋島嶼

- 北朝鮮の◯◯◯◯◯化に向けて団結し、前提条件なしでの北朝鮮との対話を目指すとした。

完全な非核

- 首脳会談をはじめ外相、防衛相などの会合を少なくとも年◯回開催するとした。

1

- ★北朝鮮の◯◯◯◯◯データをリアルタイムで共有するため、データ共有メカニズムを23年末までに運用を開始すると確認した。

ミサイル警戒

- サプライチェーン◯◯◯◯◯システム（EWS）を試験的に立ち上げ、優先物資を特定した上で、サプライチェーンに混乱が発生したときに迅速に情報共有するためのメカニズムを構築するとした。

早期警戒

NATOの動向

基本知識

> NATO（北大西洋条約機構）は、北米・欧州諸国による軍事同盟で、本部はベルギーの首都ブリュッセル。
>
> 2023年7月現在の加盟国は**31か国**。22年には**フィンランド**と**スウェーデン**が加盟を申請し、フィンランドは23年4月、正式に加盟。ウクライナは「将来の加盟」として加盟国が合意しているが、具体的な道筋は立っていない。

関連知識

▶）NATOの拡大

NATOの大きな特徴が、加盟国への攻撃に対して全加盟国で防衛する「**集団防衛**」。この「集団防衛」は、基本条約である北大西洋条約第5条に定められている。

また、NATOは加盟国に対して、GDP比2％以上の防衛費を求めているが、推計では23年に2％を超えるのは11か国にとどまる見通し。

●NATOの拡大

1949年の原加盟国	ベルギー、カナダ、デンマーク、フランス、アイスランド、イタリア、ルクセンブルク、オランダ、ノルウェー、ポルトガル、英国、米国
1952〜90年の間の加盟国	トルコ、ギリシャ、ドイツ、スペイン
1999年3月加盟国	ポーランド、チェコ、ハンガリー
2004年3月加盟国	エストニア、ラトビア、リトアニア、スロバキア、スロベニア、ブルガリア、ルーマニア
2009年4月加盟国	アルバニア、クロアチア
2017年6月加盟国	モンテネグロ
2020年3月加盟国	北マケドニア
2023年4月加盟国	フィンランド

出題ポイント

次の文の◯◯に当てはまる言葉を入れなさい。

☑ NATOの基礎知識

● 本部はベルギーの首都（　　　　　）に置かれ、現在
の締約国数は、トルコなどを含む（◯）か国。

● 今日、NATOは海洋安全保障や（　　　　　）といっ
たグローバルな課題にも対応する組織である。

● 基本条約である北大西洋条約の第5条には（　　　　）
について定められている。

● 条約締約国は、条約締約国に対する武力攻撃に対し
て、個別的または（　　）的自衛権を行使して攻撃を
受けた締約国を援助する。

● NATOは締約国に対して、GDP比（◯）％以上の防衛
費を求めている。

☑ 近年の動向

★ 23年4月に、北欧の（　　　　　）がNATOに正式加
盟した。

★ 一方、フィンランドと同時に加盟を申請した
（　　　　　）は、国内でイスラム教の聖典コーラン
が燃やされるデモがあり、加盟国の（　　　）が難色
を示し、正式加盟が延期された。

● （　　　　　）については「将来の加盟」で加盟国が
合意している。

● 日本はNATOの（　　　　）国で、22年に続き、NATO
外相会合やNATO首脳会合に出席した。

● 対中国を念頭に置いて、東京にNATOの連絡事務所
を設置する方向で検討されていたが、（　　　　）が
これに反対した。

解答

ブリュッセル

31

サイバー防衛

集団防衛

集団

2

フィンランド

スウェーデン

トルコ

ウクライナ

パートナー

フランス

性同一性障害特例法違憲判決

基本知識

最高裁大法廷は2023年10月、<u>戸籍上の性別変更</u>に<u>生殖能力を失わせる手術</u>を必要とする<u>性同一性障害特例法</u>の要件を「<u>違憲で無効</u>」とする判決を裁判官15人の全員一致で下した。19年の判決では同要件を合憲としていたが、その後の社会の変化や医学の知見の進歩を踏まえ、<u>必要性や合理性を欠く</u>に至ったとした。

関連知識

▶トランスジェンダー

生まれ持った**生物学的性**と自覚している性（**性自認**）が一致しない人を指す。近年では「障害」という見方をせずに**性の多様性や自己決定**の問題ととらえる動きが広まり、**世界保健機関（WHO）**も18年、性同一性障害を**性別不合**と改め、精神障害の分類から外すことを決めた。

▶性別変更のための要件

性同一性障害特例法（04年施行）は、**戸籍上の性別変更**の要件として、①2人以上の医師が性同一性障害と診断したこと、②18歳以上であること、③未婚であること、④未成年の子供がいないこと、⑤生殖腺がないまたは生殖機能を永続的に欠くこと、⑥変更する性別の性器に近似する外観を備えること、を定める。このうち⑤⑥を手術要件というが、⑥には男性にのみ性器の切除が求められるという問題がある。要件をすべて満たした場合、家庭裁判所は**性別変更の審判**ができるようになる。

▶ジェンダーフリー

だれもが性別による役割を背負わず、自由に能力を発揮できるようにすることを指す。ジェンダーは**社会や文化の中で作られた性別に対する考え方**のこと。女性差別撤廃から始まった**フェミニズム運動**も、性別にかかわらず、すべての人々にとってのジェンダーフリーを目指す。

出題ポイント

解 答

次の文の◯に当てはまる言葉を入れなさい。

☑ 最高裁が性別変更の手術要件を違憲と判断

- 最高裁大法廷は23年10月、（◯◯◯◯◯◯◯◯）法に定める戸籍上の性別変更に、生殖能力をなくす手術を必要とする要件を「違憲で無効」とする判決を下した。

性同一性障害特例

- 特例法は性別変更に「生殖腺がないか、生殖機能を永続的に欠く」（◯◯◯◯要件）と「変更する性別の性器に似た外観を備えている」（◯◯要件）という要件を課していた。

生殖不能

外観

- ★最高裁は、各自が◯◯する性別で法的に扱われることは「重要な法的利益」と認め、（◯◯◯◯）要件は憲法◯条が保障する「自己の意思に反して身体への侵襲を受けない自由」を制約すると述べた。

自認

生殖不能

13

- ★最高裁は19年には同要件を合憲としたが、その後の社会の変化や医学の知見の進歩により、「強度な身体的侵襲である手術を甘受するか、（◯◯◯◯◯◯）で扱われる（◯◯◯◯◯◯◯◯）を放棄するかという、過酷な二者択一を迫る制約」である同要件は◯性や◯性を失ったとした。

一方で◯◯要件については、高裁段階で検討されていないとして、審理を高裁に差し戻した。

性自認に従った法律上の性別

重要な法的利益

必要

合理

外観

☑ トランスジェンダーのトイレ使用制限も違法

- 最高裁は23年7月、トランスジェンダーの経済産業省職員（戸籍上は男性）に対する（◯◯◯◯）使用制限を認めた（◯◯◯◯）判定を違法とする判断を下した。

女性トイレ

人事院

- 職員は性別適合手術を受けていないが女性の服装で勤務しており、判定は「他の職員への配慮を過度に重視する一方、原告が使用制限で受ける（◯◯◯◯◯◯◯）を不当に軽視するもので、著しく妥当性を欠く」とした。

日常的な不利益

中東情勢

基本知識

2023年は対立してきた**サウジアラビア**と**イラン**の国交正常化や、**シリア**のアラブ連盟復帰など、中東地域安定化の機運が見られた。

他方、中東に影響力を持つ**米国の「中東離れ」**や**中国の影響力増大**が見られる中、23年10月、**イスラム組織ハマスがイスラエルを攻撃**、世界全体に影響を与えた。

関連知識

▶ パレスチナ問題の経緯

1948年、欧州などで迫害されたユダヤ人が祖先の土地に国をつくる「**シオニズム運動**」の結果、パレスチナの地にイスラエルが建国。同年に勃発した**第1次中東戦争**の影響もあり、多くの**パレスチナ難民**が発生した。

67年の第3次中東戦争で勝利したイスラエルは、東エルサレムを併合し、ヨルダン川西岸地区やガザ地区を占領。87年にはイスラエルの占領政策に対してパレスチナ人が武装蜂起（第1次**インティファーダ**）するに至った。

93年、イスラエル政府とパレスチナ解放機構（PLO）は、イスラエルとパレスチナ国家が共存する「**2国家解決**」を目指す**オスロ合意**に調印。一方、**入植問題**や、双方が首都と主張する**聖地エルサレムの帰属問題**は「将来の交渉」に委ねられた。だが、双方による襲撃事件や軍事衝突で交渉は破綻した。

他方、パレスチナ自治区は、パレスチナ自治政府が治める**ヨルダン川西岸地区**と、イスラム組織ハマスが実効支配する**ガザ地区**に分断した。

▶ シーア派・スンニ派

イスラム教の2大宗派。開祖である預言者ムハンマドの後継者について、イスラム教の指導者はムハンマドの血縁に限ると主張した人たちが**シーア派**、こだわらない人たちが**スンニ派**となった。現在、世界に約16億人いる**信徒の約9割がスンニ派**、約1割がシーア派。今日の宗派対立は、**スンニ派の大国サウジアラビア**と**シーア派の盟主イラン**の覇権争いの一面もある。

出題ポイント

解答

次の文の⬭に当てはまる言葉を入れなさい。

☑ 近時の中東情勢

★ 23年3月、対立を続けたサウジアラビアとイランが
外交関係の正常化で合意。⬭が仲介しており、
背景には中東での存在感を誇ってきた米国の影響力
を弱めるねらいもあるとみられる。

中国

● 23年5月、内戦への対応で国際的に孤立していた中
東のシリアに対し、地域機構の⬭への復帰
が12年ぶりに認められた。

アラブ連盟

★ 23年10月、ガザ地区を実効支配するイスラム組織
ハマスが、イスラエル領内を攻撃。対してイスラエ
ルの⬭首相は「我々は戦争状態にある」と
して予備役の招集やガザ地区空爆を開始した。

ネタニヤフ

● パレスチナでの衝突をめぐり、⬭では、事
態打開を目指す決議案がイスラエルを全面的に支持
する⬭の拒否権行使等により4回にわたり否決。
23年11月にガザ地区の子供の人道状況改善のため
に戦闘休止を求める決議が採択されたが、12月に
は再び米国の拒否権で否決された。

国連安保理

米国

☑ その他の中東情勢

● 23年2月、トルコ南部から⬭北部にかけて巨
大地震が発生。両国で合わせて5万人以上の死者が
出るなど、大きな被害をもたらした。

シリア

★ 23年5月のトルコ大統領選挙では、20年以上にわ
たり政権をとる現職の⬭氏が、野党統一候
補のクルチダルオール氏を決選投票で破り当選した。

エルドアン

● ノルウェー・ノーベル委員会は23年10月、23年の
ノーベル平和賞を、イスラム社会における女性の抑
圧と闘ったイランの人権活動家⬭氏
に授与すると発表した。

ナルゲス・モハン
マディ

旧統一教会問題

基本知識

　2022年7月に起きた安倍元首相の銃撃事件により、世界平和統一家庭連合（旧統一教会）の高額寄付問題が表面化した。被告は親が多額の献金をしていた旧統一教会に恨みがあり、犯行に及んだとされる。

　その後、特定の信仰を持つ親の子供「**宗教2世**」の問題が知られるようになり、政府は各種法整備を進めている。

関連知識

▶ 宗教2世

　特定の宗教を信仰している親や家庭のもとに生まれ、宗教活動を強要されて生きる人々のこと。

　親の信仰心による多額の寄付が引き起こす**経済的困窮**や育児放棄など、数多くの問題が指摘されている。

▶ 霊感商法

　霊感があるかのようにふるまい、因縁や霊のたたりなどの話を用いて不安をあおり、印鑑・数珠・壺などの商品を法外な値段で売ったり、不当に高額な金銭などを奪ったりする商法。18年に成立した**改正消費者契約法**により、霊感商法について消費者は**契約を取り消せる**ようになった。

▶ 解散命令

　宗教団体の目的を著しく逸脱した行為や法令に違反し、著しく公共の福祉を害すると明らかに認められる場合などに、所轄庁や検察官が**解散命令を裁判所に請求**できる制度のこと。

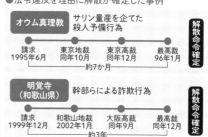

●法令違反を理由に解散が確定した事例

オウム真理教 サリン量産を企てた殺人予備行為

| 請求 1995年6月 | 東京地裁 同年10月 | 東京高裁 同年12月 | 最高裁 96年1月 |

約7か月　解散命令確定

明覚寺（和歌山県） 幹部らによる詐欺行為

| 請求 1999年12月 | 和歌山地裁 2002年1月 | 大阪高裁 同年9月 | 最高裁 同年12月 |

約3年　解散命令確定

出題ポイント

出る！

次の文の◯◯に当てはまる言葉を入れなさい。

☑️ **被害者救済法（23年1月施行）**

● 旧統一教会をめぐる問題の被害者救済を図るための被害者救済法が22年12月の国会で可決、23年1月に施行された。勧誘の対象者の不安をあおり、寄付が◯◯◯◯◯と告げる霊感商法の手法や、不退去や退去妨害、威迫を強いたり、恋愛感情に乗じたり、退去困難な場所へ同行したりの勧誘、の6類型の行為で個人を困惑させることを禁止した。

★ 寄付の勧誘をする法人・団体に対し①個人の自由な意思を抑圧しない、②◯◯◯◯◯◯◯、③寄付の相手方と使途を誤認させないようにする配慮義務を課した。

★ 個人の権利保護に著しい支障が生じていると認められる場合には、◯◯◯◯◯の公表を行う。寄付に際し、借り入れや不動産の処分による資金調達を要求することも禁止した。

★ 禁止行為に違反した場合は、国は禁止行為の停止を勧告・命令できる。命令違反には◯◯◯◯◯または100万円以下の罰金が科されるとされた。

● 宗教団体への寄付に限らず、個人から◯◯◯◯◯への寄付全般が対象となっている。

☑️ **旧統一教会の解散請求が決定**

● 文部科学省は◯◯◯◯◯、教団の解散命令を東京地方裁判所に請求する方針を正式決定。盛山正仁文科相が記者会見で表明した。

● 調査を担った文化庁は22年11月以降、報告徴収・質問権を◯◯行使し、元信者や親が信者の宗教2世など170人余りからも聞き取りを実施した。集めた証拠は約5000点にのぼる。

解答

必要不可欠

生活の維持を困難にしない

勧誘、法人名

1年以下の懲役

法人・団体

23年10月

7回

2 日目

08 旧統一教会問題

エネルギー政策

基本知識

　気候変動問題が深刻になる中、先進国をはじめとして各国が<u>脱炭素化</u>に向け、自国の産業構造などを踏まえたルール作りや事業者支援を推進している。

　日本においても各種計画の制定や規制及び支援等を進めており、エネルギー需給構造は大きな変革の途上にある。

関連知識

▶ 再生可能エネルギー

　有限な資源である化石エネルギーとは違い、自然界につねに存在するエネルギーのこと。太陽光、風力、水力、地熱、太陽熱、大気中の熱、その他の自然界に存在する熱、バイオマスがあげられる。2021年に資源エネルギー庁が公表した「**エネルギー計画**」では、30年に再生可能エネルギーで総発電量の**約36〜38%**をまかなうことを目標としている。

●2030年度の発電電力量・電源構成
※数値はすべて暫定的であり、今後変動し得る。

	発電電力量［億kWh］	電源構成
石油等	200程度	2%程度
石炭	1,800程度	19%程度
LNG	1,900程度	20%程度
原子力	1,900〜2,000程度	20〜22%程度
再エネ	3,300〜3,500程度	36〜38%程度
水素・アンモニア	90程度	1%程度
合計	9,300〜9,400程度	100%

出典：資源エネルギー庁　エネルギー基本計画

▶ プルサーマル発電

　原発の**使用済み核燃料**から再処理によって分離された**プルトニウム**をウランと混ぜてMOX燃料に加工し、原発の燃料として行う発電のこと。

　23年時点では日本国内のプルサーマル炉は4基だが、**30年度までに少なくとも12基**の原子炉でのプルサーマル発電の実施を目指している。

出題ポイント

次の文の◯◯に当てはまる言葉を入れなさい。

☑ エネルギー関連の法改正（23年5月）

★原子力基本法が改正され、安定供給や脱炭素への貢献のための原発活用を「◯◯◯◯◯」と位置づけた。

国の責務

●原子炉等規制法が改正され、原子炉運転開始30年を起点とし、◯◯◯◯ごとに審査する制度を創設。

10年以内

●◯◯◯◯◯◯◯◯◯◯◯◯が改正され、太陽光等発電中に違反が見つかった場合、固定価格買い取り制度（FIT）交付金の支払い停止制度の導入を定めた。

再生可能エネルギー特別措置法

★電気事業法が改正され、原発運転期間に最長60年という上限は維持しつつ、原子力事業者から見て◯◯◯◯◯◯で停止していた期間に限り、60年の運転期間のカウントから除外することを決定した。

他律的な要素

●再処理法が改正され、原発の廃炉に備え、費用を外部機関に拠出することを◯◯◯◯に義務づけた。

電力会社

☑ 水素基本戦略が制定後初（6年ぶり）の改定

★23年6月、次世代の脱炭素燃料として有力な水素の供給を増やすための戦略である水素基本戦略が改定された。「50年の水素供給量2000万トン」という政府目標に向け、40年に現状の6倍である◯◯万トン程度に拡大する目標を新設した。

1200

●水素のサプライチェーンを整備するため、今後◯◯年間で官民あわせて◯兆円の投資を決めた。

15
15

●2030年までに国内外での日本関連企業における水電解装置の導入目標を◯◯◯◯◯程度と設定した。

15ギガワット（GW）

☑ 世界各国のエネルギー政策の動き

●EUは23年3月、35年にゼロエミッション車以外の販売を禁じることで合意。例外で◯◯◯◯や水素エンジン搭載車は新車販売を35年以降も容認する。

e-fuel

原発処理水放出

基本知識

　2023年8月、東京電力福島第一原発にたまる**処理水の海洋放出**が始まった。原発事故以来、処理水は敷地内の貯蔵タンクにたまり続け、保管場所の確保が問題となっていた。

　海洋放出は、**トリチウム**の拡散状況のモニタリングがしやすく、コストも比較的低いという利点があり、21年に菅義偉首相(当時)が海洋放出の方針を決定していた。

関連知識

▶ 処理水放出までの経緯

　原発事故は11年の東日本大震災で発生。原発建屋に溶け固まった燃料デブリを冷やす過程で発生する汚染水と、その保管が問題となっていた。

　汚染水は高濃度かつ多様な放射性物質を含み、**多核種除去設備（ALPS）**で大半の放射性物質を除去する。その後、ALPSで取り除けない**トリチウム**の濃度を**1ℓあたり1500ベクレル未満（国の放出基準の40分の1）**に海水で薄め、海底トンネルを通して原発から約1kmの沖合に放出する。

　政府と東電は福島第一原発の**51年の廃炉**を目指しており、処理水の海洋放出は、廃炉への一歩となる。

▶ 処理水海洋放出、国内外から反発

　処理水の放出について国内外から反発があった。**中国**は核汚染水という表現を用い「日本の一方的な核汚染水の放出に断固として反対する」とした。

　ただ、海洋放出は国内外の原発で主流の方法。日本側は**国際原子力機関（IAEA）**などの審査に基づき「放射能の影響は無視できることが確認された」と説明。また、経産省は21年に「処理水の海洋放出に伴う需要対策」として300億円の基金を設置。**風評被害**が出た場合の「**緊急避難的措置**」として水産物の一時買い取り・保管などを支援する。22年には漁場の開拓や、省エネ性の高い機器の導入などを支援する500億円の基金を設置している。

出題ポイント

出る！

次の文の◯◯に当てはまる言葉を入れなさい。

☑ 23年9月、第1回処理水放出開始

★処理水とは、東京電力福島第一原発の原子炉建屋などの地下にたまる汚染水から◯◯◯◯◯で大半の放射性物質を除去し、◯◯◯◯◯以外の大部分の放射性物質を取り除いた水。

●放出期間は少なくとも◯年はかかる見通し。23年度は、貯蔵量の約2％にあたる約3万1200トンの処理水を、4回に分けて放出する。

☑ 国内外からの反応

●処理水の海洋放出をめぐって、中国から反発があったほか、ロシアも日本産水産物の輸入停止検討を表明。また、太平洋の◯◯◯◯◯◯も海洋放出の即時停止を求めた。

★第1回の海洋放出の同日、中国は◯◯◯◯◯◯の全面禁輸を公表した。

◯◯政府も福島や宮城など10都県の水産物の輸入を禁止し、◯◯◯政府も10都県の水産物や野菜などの禁輸に踏み切った。

●政府は中国の日本産水産物禁輸措置の影響を受ける水産業者への追加支援に、23年度予算の◯◯◯から207億円を拠出する考えを表明。過去の補正予算では計800億円の基金が創設されており、支援総額は1000億円を超えた。

●23年9月にオーストリアの首都ウィーンで開かれた◯◯◯◯◯◯◯の年次総会では、発言した約30か国の中で唯一、中国のみが海洋放出を批判した。

●◯◯やデンマークなどからは、IAEAの取り組みや日本の情報発信を支持する発言があった。

3日目

最新時事
優先度 A

Quad（クアッド）

基本知識

　Quadは、**日米豪印**の4か国で外交・安全保障で協力する枠組み。日本が主導する「**自由で開かれたインド太平洋（FOIP）**」の実現を目指している。軍事同盟ではないが、過去に4か国で共同訓練も実施した実績もある。

　他方、Quadの協力分野は幅広く、気候変動やインフラ、宇宙、サイバーといった分野でも協調している。

関連知識

▶ Quadの現状

　Quadは安倍政権下で構想が膨らみ、**経済協力を中心に**、2017年に局長級会合、19年には外相会談を開催。21年に首脳会合が実現した。

　ただ、日米豪とインドとの間には結束に温度差がある。インドは日米にとって中国への対抗上戦略的に重要な国であるが、戦後、**欧米に追随しない独自の外交**を貫き、中国が主導する**BRICS**や**上海協力機構（SCO）**にも加盟している。

●Quad4か国の協力枠組み

Quad

　ロシアからは武器やエネルギーの供給を受けており、ウクライナ侵攻に際しても欧米主導の対ロ制裁と距離を置く。また、中国との間には領土紛争（**カシミール紛争**）があるが、最大の貿易相手国でもあるため、関係を悪化させたくない思惑がある。

▶ Quad首脳会合

　Quad首脳会合が23年5月、**広島**で開かれた。会合には岸田首相、豪州のアルバニージー首相、バイデン米大統領、インドのモディ首相が参加。会合では、東・南シナ海や南太平洋で影響力を増す中国を念頭に、**地域の緊張を高めるあらゆる行動に強く反対**することで一致した。

出る！

出題ポイント

解 答

次の文の◯に当てはまる言葉を入れなさい。

☑ Quadの基本知識

● Quadとは、（　　　　）の4か国による外交、安全保障の枠組み。自由や民主主義、（　　　　）といった共通の価値観をもち、（　）が提唱した「自由で開かれたインド太平洋（FOIP）」の実現を目指している。

日米豪印

法の支配

日本

● Quadの協力分野は幅広く、途上国への（　　　　）の提供やインフラ整備などを進めた実績もある。

新型コロナワクチン

☑ 広島首脳会合での共同宣言

★近年、（　　　　）海で強引な進出を続け、覇権主義的な行動を強める中国を念頭に、共同宣言では「インド太平洋の海洋領域の平和と安定を維持する強い決意を持ち続ける」と強調し「力または威圧によって（　　　　）を試みる一方的な行動に強く反対する」と明記したが、（　）を名指しした批判を避けた。

東・南シナ

現状変更

中国

● （　　　　）に関しては深い懸念を表明して「恐ろしい悲劇的な人道的帰結を悼む」とし、「国際法の遵守、紛争の平和的解決、並びにすべての国の領土一体性及び主権を含む国連憲章の原則の尊重を支持する」と明記したが、（　　　）を名指しする批判は避けた。

ウクライナ

ロシア

● 経済安全保障分野では、強靭なインフラの開発を通じて地域の連結性を強化するため、「（　　　　）の連結性と強靭性のための日米豪印パートナーシップ」を発足させるとした。

ケーブル

☑ 今後の動向

★ 24年に首脳会談を開催予定の（　　　　）は、ロシアからエネルギーや武器の供給を受け、貿易で中国と関係が深く、日米豪とは政治的結束に温度差がある。

インド

3
日
目

11
Q
u
a
d
（クアッド）

中国情勢

基本知識

　中国では近年、習近平国家主席への**権力集中**が進む一方、**台湾問題**や**南シナ海問題**で西側諸国や東南アジアとの緊張が高まっている。一方で経済は、ゼロコロナ政策による減速から回復基調にあると政府により強調されているが、**不動産市場の低迷**による企業の業績悪化や**米国との貿易摩擦**によるダメージが広がりつつある。

関連知識

▶ 全国人民代表大会（全人代）

　全人代は**中国憲法で「国家の最高権力機関」**と位置づけられ、**毎年3月、首都・北京で開催**される。法律の制定や国家予算案の審査などが行われるが、中国共産党による一党支配のため、党のトップにあたる習近平総書記が国家主席を務め、事実上の独裁体制をとっている。

▶ 一帯一路

　2013年に**習近平国家主席が提唱した広域経済圏構想**。インフラ投資などを通じた経済圏の発展や親中国の国や地域を広げる目的がある。一帯一路の実現のために**シルクロード基金の設置**や**アジアインフラ投資銀行（AIIB）**の設立が行われてきた。

　他方、中国による不透明な投資や、援助を受けた国が多額な借金を背負い、中国から圧力や要求を受ける「**債務の罠**」に陥る危険性があるといった問題点が指摘されている。

●中国の一帯一路構想

出題ポイント

次の文の◯に当てはまる言葉を入れなさい。

☑ 近時の中国動向

●22年末時点の中国の人口は、前年末から◯人減少した。人口減は毛沢東が打ち出した「大躍進」政策で飢餓が発生した1961年以来、61年ぶりである。

85万

●22年のGDP(国内総生産)は前年比◯％増で、目標の5.5％には届かなかった。23年3月に開かれた全人代ではGDP成長率◯％前後が目標とされ、22年度目標から引き下げられた。他方、国防予算は前年比7.2％増で、過去最大となった。

3.0

5.0

★23年の全人代限りで◯首相は退任し、新たな首相に◯氏が選出された。同氏は習主席の側近で、習氏の権力強化が進むこととなった。

李克強

李強

☑ 中ロ連携、欧米とは溝

●23年3月、習主席はロシアのプーチン大統領と会談。両国首脳は◯と経済協力に関する2つの共同声明に署名した。

包括的連携

★23年8月、米国バイデン政権は◯と◯、◯の3分野を対象に、米企業などによる中国への投資規制を発表。安全保障上の強い脅威となり得る場合は投資を禁止し、最先端の技術が中国に軍事転用されることを防ぐねらいがある。

先端半導体

量子技術

人工知能（AI）

※下3つは順不同

☑ 海洋政策

●23年8月、中国は地図の統一規格にあたる23年版の◯を発表。◯海のほぼ全域を中国が管轄権を持つ海域としており、フィリピンやベトナム、マレーシアといった東南アジア諸国からの反発を招いた。

標準地図／

南シナ

ロシア・ウクライナ情勢

基本知識

> 2022年2月、ロシア軍が国境を越えてウクライナに侵攻。ロシアはウクライナを自国の「勢力圏」とみなし、同国が**EUやNATOへの加盟**を望むなど、西側諸国と接近することに対して危機感を抱いていたとされる。
>
> 戦争は長期化し、ウクライナ・ロシア両国内のみならず、世界全体に影響を及ぼしている。

関連知識

▶ウクライナ紛争

ウクライナは1991年に旧ソ連から独立。2014年に親ロシア派のヤヌコビッチ政権が親欧米派の民衆デモ（ユーロマイダン革命）によって崩壊したことをきっかけに、ロシア系住民の多い**クリミア半島**が「クリミア自治共和国」として独立を宣言、その後住民投票でロシアに編入された。

同時期に**ウクライナ東部（ドンバス）**のドネツク、ルガンスク両州も自らを「人民共和国」として独立を表明し、ロシアはこれを支援。両人民共和国とウクライナ間で紛争が勃発した。

▶ミンスク合意

14年に始まったウクライナ東部紛争をめぐり、15年には**ミンスク合意**と呼ばれる和平合意が結ばれた。**ロシア**と**ウクライナ**、**ドイツ**、**フランス**の首脳がベラルーシの首都ミンスクでまとめ、東部の親ロ派勢力とウクライナ軍による戦闘の停止など和平に向けた道筋を示した。

▶22年2月、 ロシアがウクライナに侵攻

22年2月、プーチン大統領はミンスク合意をウクライナが履行していないと主張。同時に**ドネツク人民共和国**と**ルガンスク人民共和国**の独立を承認し、一方的にロシア軍をウクライナ領内に進駐させた。その後、両国はロシアに編入された。

次の文の◯に当てはまる言葉を入れなさい。

☑ **ウクライナ侵攻の動向**

● 23年2月のバイデン米大統領訪問に続き、3月には
岸田首相もウクライナの首都キーウを訪問し、ゼレ
ンスキー大統領と会談。殺傷能力がない◯◯支
援に3000万ドルを拠出することや◯◯分野で
の4億7000万ドルの無償支援を行う方針を伝えた。

装備品

エネルギー

● ロシア国内ではウクライナ侵攻に関する混乱が広が
っており、23年5月にはモスクワ中心部の◯◯
に対して無人機攻撃が発生した。6月には侵攻に従
事してきた民間軍事会社◯◯の創設者プリゴジ
ン氏がプーチン大統領に対して「反乱」を起こした。

クレムリン

ワグネル

● 22年7月に国連とトルコの仲介で実現した黒海を
通じたウクライナ産◯◯輸出の再開合意につき、
23年7月、ロシアは離脱を表明し黒海を封鎖した。

穀物

☑ **国連、世界の動向**

★ 23年2月に開かれた◯◯では、日米などが
共同提案する「ウクライナでの包括的、公正かつ永
続的な平和」の必要性を強調する決議を141か国の
賛成で採択した。

緊急特別会合

● 23年3月、◯◯はロシアのプーチン
大統領に対し、ウクライナから子供を連れ去った疑
いで逮捕状を発行。プーチン大統領がICC規程の加
盟国を訪問した際に逮捕される可能性が生じた。

国際刑事裁判所
（ICC）

● EUの欧州委員会は23年9月、◯◯、ブル
ガリア、ハンガリー、ルーマニア、スロバキアの5
か国に認めていたウクライナ産穀物の輸入規制を延
長しないことを決定したが、ポーランド、ハンガリ
ー、スロバキアは独自の輸入規制を続けることとな
った。

ポーランド

EU・英国情勢

基本知識

　　欧州連合（EU）は、経済的、政治的な協力関係を持つヨーロッパの民主主義国家の集まり。**欧州連合条約**に基づき、通貨や外交、安全保障、警察・刑事司法等の幅広い分野での協力を進めている。欧州理事会や欧州委員会など、EU独自の協議会や執行機関を持つ。2020年には**英国がEUから離脱**し、23年現在、**27か国**が加盟している。

関連知識

▶ EUの近時の動向

　22年に発生したロシアによるウクライナ侵攻は、23年においてもEUの主要な問題となった。EUはウクライナに対して**今後1年間に100万発の弾薬などを提供**する計画を承認するなど、積極的な支援を行っている。

　ただ、EU加盟国内には、**ハンガリー**のようにロシアと関係が近い国もあり、ウクライナ支援をめぐって温度差が見られる。

　また、**トルコ**や**ウクライナ**がEU加盟を希望している。

▶ 英国の近時の動向

　英国では22年に**ジョンソン、トラス両首相**が相次いで退任するなど、混乱が続いていた。両者は対EU強硬派でもあり、20年には**ジョンソン首相（当時）の下で**英国のEU離脱が実現した。

　ただ、隣国アイルランドはEU加盟国で、英領北アイルランドとの通関問題が火種として残り続けていた。

　トラス氏の後任であるスナク首相は初のインド系で、EUとの関係改善を目指している。

北アイルランド
英国
アイルランド
ロンドン
大西洋

出題ポイント

次の文の◯に当てはまる言葉を入れなさい。

☑ EU・EU諸国の近時の動向

★EUは23年4月、「欧州◯◯◯法」に合意。30年まで
に半導体製造の世界シェアを◯%に倍増させる。

●EUは23年7月に開かれた首脳会議で「◯◯◯◯◯
における緊張の高まりを懸念する」と初めて盛り込
んだ文書を採択し、中国の武力的威圧に反対した。

●中国を体制上のライバルとしつつも、◯◯◯◯◯
はせず、◯◯◯◯◯◯◯での依存低減を盛り込んだ。

●23年9月、◯◯◯◯◯で、隣国ウクライナへの軍
事支援停止やロシア制裁反対を訴えた、フィツォ元
首相率いる中道左派野党「スメル(道標)」が第1党
となった。

●23年10月、◯◯◯◯◯で総選挙が行われ、保守
系与党「法と正義(PiS)」が過半数を割った。一方
トゥスク元首相率いる親EUの「市民連立」など野
党勢力が過半数を獲得したことで政権交代の見込み
となった。

☑ 英国の近時の動向

★23年3月、◯◯◯◯◯◯◯◯に英国が加盟すること
が認められた。18年の発効後初となる新規加入で、
加盟国のGDP合計額が、世界全体の15%となった。

●23年2月、英国本島から英領◯◯◯◯◯◯に向
け輸送する物品の扱いにつき、EU・英国間の
「◯◯◯◯◯◯◯◯」で合意がなされ、EU加盟国の
アイルランドに向かう物品は従来通りEUの規則に
沿って検査する一方、北アイルランドにとどまる商
品はこれを免除することが決まった。これにより、
英国のEU離脱以降も同地が実質的にEU単一市場に
残され、英国から切り離されていた問題が解決した。

解 答

半導体

20

台湾海峡

デカップリング
(切り離し)

サプライチェーン

スロバキア

ポーランド

環太平洋パートナ
ーシップ(TPP)

北アイルランド

ウインザー枠組み

3
日
目

14

E
U
・
英
国
情
勢

出る!

米国情勢

基本知識

　2023年で3年目を迎えたバイデン政権は、**24年の大統領選**を見据え、活発な動きを見せた。一方、トランプ前大統領が起訴されたほか、アメリカ議会下院で23年10月、**下院議長が史上初めて解任**されるなどの混乱があった。

　他方、米国は外交においては中国との対立の激化やウクライナ支援、パレスチナ情勢の悪化などの課題を抱えている。

関連知識

▶ 近時の米国の動向

　23年1月、15回にわたる投票を経て**共和党**の**マッカーシー**氏が**下院議長**に就任（23年10月解任）。現バイデン政権は民主党政権なため、政権が期待する法案の成立などは難しい1年となった。

　他方、23年4月に前大統領**トランプ**氏の不倫もみ消し疑惑を巡り、大統領経験者では米国史上初めて起訴されたほか、9月、バイデン大統領の次男ハンター氏が訴追されるなどの混乱があった。また、中国や中東に関する機密文書がSNS上に流出するなどの事件もあった。

　外交においては、**ウクライナ戦争**では軍事支援や対ロシア制裁を主導。冷え込みが続く**対中関係**では、23年2月に米国上空に中国の軍事偵察気球が出現し、米軍がこれを撃墜する事態に発展した。また、8月、安全保障上の観点から、対中国の民間投資にバイデン政権が直接介入するなどした。

　23年秋に激化した**パレスチナ紛争**では従来同様イスラエル擁護の立場をとり、軍事的支援を強化する姿勢を見せている。

▶ 一般教書演説

　バイデン大統領は23年2月、連邦議会の上下両院合同会議で一般教書演説を行った。これは米大統領が就任2年目以降に連邦議会に対して行う演説。国の現状や今後1年の内政・外交の施政方針を示す。就任1年目に任期4年間の政策方針を表明する「施政方針演説」と区別される。

出題ポイント

次の文の◯◯に当てはまる言葉を入れなさい。

☑ バイデン政権の動向

● 23年2月に行われたバイデン大統領の一般教書演説では、インフレ抑制や雇用創出などの実績を強調した。また、21年に成立した1兆円規模のインフラ投資法の成果や◯◯◯の国内生産を強める企業への補助金による雇用創出について述べた。

半導体

● 一般教演説で、中国については「中国が米国の主権を脅かせば国を守るために行動する」としてけん制しつつ、中国の習近平国家主席に対して「米国が求めるのは◯◯であり、衝突ではない」と述べた。

競争

● 23年3月、バイデン大統領は連邦議会に対して24年会計年度の予算教書を提出。国防費は過去最大となる前年度比3.3％増の8864億ドルとし、対中抑止力強化を目的とする◯◯◯◯◯◯◯◯について、前年度から大幅増の91億ドルを計上した。

太平洋抑止イニシアチブ

● 23年9月、バイデン大統領はホワイトハウスに「◯暴力防止室」を設置。統括役にはハリス副大統領が選ばれた。

銃

☑ その他の動向

★ 23年10月、米下院は共和党の◯◯◯◯◯◯◯下院議長の解任決議を成立させた。同氏が民主党と協力してつなぎ予算を成立させたことに対して、共和党強硬派が反発したため。下院議長の解任は米国史上初。

マッカーシー

● 23年7月、◯◯◯◯◯◯◯◯◯◯◯◯◯は米国の復帰を承認。米国はパレスチナ自治区の「ヘブロン旧市街」をパレスチナの世界遺産として登録したことに反対し、トランプ前政権時に脱退していた。

国連教育科学文化機関（ユネスコ）

経済安全保障

基本知識

> 　経済安全保障とは<u>「安全保障」と「経済」が重なり合う分野</u>の外交戦略。<u>軍事転用可能な技術の流出防止</u>や輸出管理といった、経済的な側面による国家安全保障上の課題への対応強化などを指す。米中対立で顕在化し、経済が絡む安全保障であることから、企業や研究機関、貿易といった民間の経済行為も経済安全保障の対象となる。

関連知識

▶ 経 済 安 全 保 障 推 進 法

　2022年5月、岸田政権の看板政策である**経済安全保障推進法**が成立。**①供給網の強化　②基幹インフラの安全性確保　③先端技術の官民研究　④特許の非公開**の4本柱からなる。

　基幹インフラについては、電気や金融、鉄道、放送など14業種のインフラ関連企業が重要なシステムを導入・更新する際、サイバー攻撃や情報窃盗のおそれがある外国製品が使われていないか、**国が事前審査**する仕組みが採られている。事前審査にあたって企業には**「導入計画書」の提出が義務づけられており**、虚偽の届出や情報漏洩があった場合「2年以下の懲役か100万円以下の罰金」が科される。

▶ 経 済 安 保 と 外 交 政 策

　ロシアのウクライナ侵攻や米中対立を背景に、経済安全保障の議論が世界中で高まりを見せている。23年6月には米英両国が**人工知能(AI)**開発や重要技術の輸出管理など、経済分野の協力強化をはかる**大西洋宣言**を発表した。

　日本においても、23年4月に決定した海洋政策の指針である**第4次海洋基本計画**に経済安全保障の観点が盛り込まれたほか、**自由で開かれたインド太平洋（FOIP）**や米国主導の**インド太平洋経済枠組み（IPEF）**を通した経済安全保障の強化が目指されている。

出題ポイント

次の文の◯に当てはまる言葉を入れなさい。

☑ 経済安全保障の動向

● 23年5月、政府は外国為替及び外国貿易法（外為法）に基づく「◯◯◯◯◯」に半導体や天然ガス、蓄電池など9分野を追加。22年に策定された経済安全保障推進法に基づく特定重要物資はすべて含まれることになった。

★ 23年4月、今後5年間の海洋政策の指針となる◯◯◯◯◯◯◯を閣議決定した。経済安全保障面では、全自動で水中を航行する◯◯◯◯◯◯などの先端技術育成を促す方針が示された。

● 23年5月に開かれたIPEFの閣僚会合では、◯◯◯◯◯◯強化に向けて相互協力する、世界初の多国間協定を結ぶことで実質的な合意の見通し。中国への対抗陣営作りの一歩となる。

● 近年、経済安全保障分野に関しては、機密情報にアクセスできる公務員や民間人を政府が審査し、資格を与える仕組みである◯◯◯◯◯の導入が議論されている。

★ 米英両国は23年6月、人工知能（AI）開発や重要技術の輸出管理、経済分野の協力強化を盛り込む◯◯◯◯◯を発表。◯◯を名指しで「権威主義国家」としつつ、「新たな挑戦を受けている」と批判した。

● 農水省は23年8月、農地を取得する際の申請項目に◯◯◯を追加することを決定した。

● 政府が閣議決定した23年度補正予算案では、半導体関連で、日本に工場を建設する台湾のTSMC（台湾積体電路製造）や国策半導体会社◯◯◯◯に向けた基金に追加があったほか、国内生産強化の基金に8817億円が追加された。同社は北海道千歳市に◯◯◯◯◯の工場を建設する。

防衛政策

基本知識

　　ウクライナ侵攻を継続するロシアや東シナ海・南シナ海で権利を主張する中国、頻繁にミサイルを発射する北朝鮮など、日本周辺国における安全保障環境が厳しさを増し、我が国でも防衛力強化や防衛費増額の必要性が高まっている。
　　国際情勢が厳しさを増す中、2022年12月には**安全保障関連3文書**が新たに策定された。

関連知識

▶ 安保関連3文書改定

　22年12月、政府は今後10年程度の外交・防衛政策の指針となる安全保障関連3文書を閣議決定し、敵のミサイル発射拠点などを破壊する**「反撃能力」の保有を初めて明記**した。

　3文書は安全保障政策の指針となる「**国家安全保障戦略**」を最上位として、防衛の目標と達成手段を示す「**国家防衛戦略**」（「防衛計画の大綱」から改称）、具体的に保有すべき装備を記した「**防衛力整備計画**」（「中期防衛力整備計画」から改称）の3つである。

▶ 安保関連3文書改定の概要

　国家安全保障戦略では、中国の姿勢を我が国の安全に対する**「これまでにない最大の戦略的な挑戦」**と位置づけ、これまでは政策判断として保有してこなかった反撃能力を保有する必要があるとした。なお、国家安全保障戦略は13年に策定して以来初の改定となる。

　国家防衛戦略では、自衛隊の運用体制強化に向けた常設の統合司令部の創設を記載した。

　防衛力整備計画では、反撃能力の具体的な手段について、陸上自衛隊の地対艦ミサイルの改良型やアメリカ製の巡航ミサイル「トマホーク」の配備を盛り込んだ。

次の文の（◯）に当てはまる言葉を入れなさい。

☑ 防衛生産基盤強化法（23年6月成立）

★装備品の（◯◯◯◯◯）に取り組む企業を後押しするための基金を新設。輸出国向けに仕様を変更する際にかかる経費を支援することが定められた。

海外輸出

★自衛隊の任務に不可欠な装備品を製造する企業を対象として、製造事業が継続できなくなった場合に政府が（◯◯◯◯）を一時的に買い取る制度も新設した。

製造施設

●防衛産業関係者が装備品の機密を漏らした場合には「1年以下の拘禁刑または（◯）万円以下の罰金」とする規定も定められた。

50

☑ 装備品の開発及び生産のための基盤の強化に関する基本方針

●23年10月、防衛省は国内防衛産業を支援する生産基盤強化法に基づく施策を実行するための基本方針を発表した。確保を目指す装備品に関しては「（◯◯◯◯◯◯◯）」と明記された。

国産を追求する

●特定取組（供給網強靱化、製造工程効率化、サイバーセキュリティ強化、事業承継等）に係る装備品確保について、防衛省に納入される指定装備品の安定的な製造等に不可欠か確認したうえで（◯◯◯◯）が認定し、事業者に必要な費用を直接支払うとした。

防衛大臣

☑ 防衛財源確保法（23年6月成立）

●5年間の防衛費を43兆円にするため、14.6兆円程度の追加確保が必要であり、防衛財源法で（◯◯◯◯）の内数となる1.5兆円を特別会計の剰余金などから活用できるよう定めた。

税外収入

●政府の投融資を管理する「財政投融資特別会計」からも2000億円、為替介入に備える「外国為替資金特別会計」からも（◯）兆円を一般会計に繰り入れる規定を盛り込んだ。

1.2

異次元の少子化対策

基本知識

2023年1月、岸田首相は「異次元の少子化対策」を表明。①児童手当などの<u>経済的支援</u>、②学童保育や病児保育、産後ケアなどの<u>サービス充実</u>、③育休制度の強化を含む<u>働き方改革</u>の三本柱からなる。同年6月には異次元の少子化対策の中身である「<u>こども未来戦略方針</u>」を決定。今後3年間で取り組む政策を加速化プランとしてまとめた。

関連知識

▶少子化の背景と課題

近年、日本では少子化が止まらない。2030年代に入るまでの6〜7年が、少子化傾向を反転できるかのラストチャンスであるとされる。人口減少の要因の一つである少子化の原因には、子育てにかかる**経済的・心理的負担**や、保育所など**社会インフラの不足、出産・育児後の正規就労の困難さ**などが指摘されている。少子化の加速によって、経済成長の鈍化や、年金、医療、介護といった仕組みが揺らぐことが懸念される。

▶こども家庭庁

23年4月、こども家庭庁が発足。同庁は少子化や虐待、いじめといった複数省庁にまたがる課題に対して**一元的に対応する行政機関**で、「**こどもまんなか社会**」の実現に取り組む。他省庁の取り組みが不十分だった際に、改善を求める「<u>勧告権</u>」を有する点が特徴。異次元の少子化対策では司令塔の役割を果たすことが期待されている。

▶こども未来戦略会議

こども未来戦略会議とは岸田首相が23年に打ち出した「異次元の少子化対策」の実現に向けて、必要となる施策の内容、予算、財源について議論する会議。23年4月に発足。この会議では、<u>首相自身が議長を務め</u>、「こども未来戦略方針」が策定される。

出題ポイント

次の文の◯◯◯に当てはまる言葉を入れなさい。

☑異次元の少子化対策が発表

- 岸田首相は23年1月「異次元の少子化対策」を表明。◯◯◯を中心とする経済支援の拡充、幼児教育・保育サービスの充実、キャリアと育児の両立に向けた◯◯◯や◯◯◯などの制度拡充、の三本柱からなる。

児童手当

働き方改革／
育児休業

- 異次元の少子化対策については、23年に発表された「骨太の方針」でも、「◯◯◯」の関連で盛り込まれた。

新しい資本主義

- 異次元の少子化対策の監督役が期待される「こども家庭庁」は、他省庁の取り組みが不十分だった際に、改善を求める「◯◯◯」を有する点が特徴で、21年に発足したデジタル庁にも与えられている。

勧告権

☑こども未来戦略方針

- 23年6月に策定された「こども未来戦略方針」では、今後3年間が「集中取組期間」と位置づけられ、今後3年間で取り組む具体的な政策につき「◯◯◯」としてまとめた。

加速化プラン

- ★◯◯◯については、「全員を本則給付」と明記し、所得制限の完全な撤廃を決めた。

児童手当

- ★児童手当の支給期間は◯◯◯まで延ばされ、第3子以降は0歳から月◯万円に増額される。

高校卒業
3

- 23年12月、こども家庭庁は、保育士1人がみる4〜5歳児の数を定める配置基準について、30人を◯人に変更して厚くする方針を決めた。24年度から見直す。

25

性的少数者の理解増進法

基本知識

2023年6月、**性的少数者（LGBT）の理解増進法**が成立した。LGBTに対して「不当な差別はあってはならない」と規定し、**国や自治体、学校や企業**に啓発活動や**相談体制整**備の**努力義務**を課した。反対する保守派への配慮から「差別禁止」の文言は入れず、「**全ての国民が安心して生活できることとなるよう、留意する**」という文言が入った。

関連知識

▶ LGBT

Lesbian（レズビアン）、Gay（ゲイ）、Bisexual（バイセクシュアル）、Transgender（トランスジェンダー）の頭文字をとった言葉。セクシュアルマイノリティ（性的少数者）を意味する。

G7広島サミットの首脳声明でも性的少数者が「**生き生きとした人生を享受できる社会を実現する**」と掲げた。我が国は主要7か国（G7）で唯一、LGBTの**差別禁止法**や**同性婚**を可能とする法制度がない。

▶ パートナーシップ制度

自治体が同性カップルを結婚に相当する関係と認めて証明書を発行する制度。15年に東京都渋谷区が全国で初めて**同性パートナーシップ条例**を制定。同性カップルを「結婚に相当する関係」と認め、**パートナーシップ証明書**を発行した。23年6月時点で制度を導入している自治体は300超。

ただし、法的な効果はなく、法律婚と同じとは言えない。

●理解増進法のポイント

基本理念		・性的指向やジェンダーアイデンティティの多様性に寛容な社会実現 ・上記を理由とする不当な差別があってはならない
具体策	政治	・基本計画の策定と実施状況の毎年公表 ・関係府省の連絡会議設置
	自治体	相談体制整備、学校や地域を通じた知識普及（努力義務）
	学校・企業	学習や就業の環境整備、相談機会の確保（努力義務）

出題ポイント

次の文の◯◯に当てはまる言葉を入れなさい。

	解　答

☑ **理解増進法の基本理念**

- 同法は、罰則のない理念法として、◯◯◯◯で作られた。

　議員立法

- 理念として「性的指向や◯◯◯◯◯◯◯◯◯の多様性に寛容な社会の実現」を掲げている。

　ジェンダーアイデンティティ

- ★21年に超党派で合意された原案に盛り込まれていた「◯◯◯◯」の文言や◯◯◯◯規定は自民党保守派の反対によってなくなり、「◯◯◯◯はあってはならない」との表現に後退した。

　性自認／差別禁止
　不当な差別

- ★トイレや公衆浴場の使用等、性的少数者以外の多数派の懸念に対して、「◯◯◯◯◯◯◯◯◯◯できるよう留意する」という配慮事項を盛り込んだ。

　全ての国民が安心して生活

☑ **理解増進法が求める取り組み**

- 政府に対し、性的少数者への理解を進める◯◯◯◯の策定と実施状況の毎年の公表を義務づけるとともに、関係府省で構成する連絡会議の設置を求めた。

　基本計画

- 政府は、基本計画の策定や実施状況の公表を担当する部署を◯◯◯◯に設置した。

　内閣府

- ★国や地方自治体には、◯◯◯◯の設置や企業・学校などへの取り組みを要請することを◯◯◯◯として求めた。

　相談窓口
　努力義務

- 事業者や学校に対しては、就業や教育環境の整備、◯◯◯◯の確保を求めたが、努力規定にとどまり罰則はない。

　相談機会

- 学校設置者が行う教育や啓発については、「◯◯◯◯◯◯◯◯◯その他の関係者の協力を得つつ行う」とする配慮規定を盛り込んだ。

　家庭および地域住民

主な法改正

基本知識

　2023年は感染症への対応機能強化のための法改正や、行政DXやマイナンバー問題といった近年の社会情勢を踏まえた法改正など、数多くの改正が行われた。

　また、16年に成立した改正消費税法の施行が23年10月に行われ、**インボイス制度**の導入も進んだ。

関連知識

▶ 改正旅館業法の成立 （23年6月）

　旅館業法は宿泊拒否の原則禁止を定めているが、法改正により、**業務を著しく阻害する要求を繰り返す客**の宿泊については宿泊を拒めるようになる。当初案の感染対策に応じない客の宿泊拒否については削除された。

▶ 孤独・孤立対策推進法成立 （23年5月）

　孤独や孤立を「社会全体の課題」と明記し、**内閣府**に首相を長とする**対策推進本部**を設けるとともに、地方自治体に対策を検討する官民協議会を設ける**努力義務**を課した。

▶ 改正戸籍法 （23年6月）

　戸籍に**「氏名の読み仮名」**の届け出を義務化し、いわゆるキラキラネームについて、「氏名に用いる文字の読み方として一般に認められているもの」に限るとの基準が設けられた。24年度中に施行予定。

▶ 商工中金民営化法 （23年6月）

　政府系金融機関の**商工組合中央金庫（商工中金）**につき、政府が持つ約46％の株式を2年以内にすべて売って**完全民営化**する。これまで課されていた**企業への出資制限をなくし**、中小企業への支援を促進する。他方で、災害や金融危機の際に国が関与し低利で融資する**危機対応業務**は続ける。

出題ポイント

次の文の⬭に当てはまる言葉を入れなさい。

☑ 感染症対策強化関連の法改正

★改正内閣法が23年4月に成立し、感染症対応の司令
塔として（　　　　　　　　　）を内閣官房に新設す
ることとなった。

内閣感染症危機管
理統括庁

●トップに内閣官房副長官から選ぶ（　　　　　　　　）
を置き、新型インフルエンザ等対策特別措置法に基
づく（　　　　　　　　）の策定や政府対策本部の運営、関
係省庁の総合調整などを担う。

内閣感染症危機管
理監

政府行動計画

★米国の疾病対策センター（CDC）をモデルとした
特殊法人（　　　　　　　　　）を新設する関連法が23
年5月、成立。国立感染症研究所（感染研）と国立
国際医療研究センター（NCGM）を統合し、感染
症に関する科学的知見を政府に提供する役割を担う。

国立健康危機管理
研究機構

●改正新型インフルエンザ等対策特別措置法が23年
4月に成立。各省庁や都道府県知事に対する首相の
（　　　　　）を強化し、緊急事態宣言等が発令されてい
なくても政府対策本部が設置された時点で認めるこ
ととした。

指示権限

☑ その他の法改正

●（　　　　　　　　　）が23年4月成立し、契約時に業務内容
や報酬額を書面等で明示することを義務づけ、報酬
を相場より著しく低く定めること等を禁止した。違
反した事業者には（　　　　　　　　）等が指導や命令を行
い、悪質な場合は50万円以下の罰金を科す。

フリーランス新法
正式には「特定受
託事業者に係る取
引の適性化等に関
する法律」

公正取引委員会

●改正放送法・電波法が23年5月成立。地域の異なる
複数の地方放送局が（　　　　　）を共通化し、終日同じ
番組を放送できるようになった。

番組表

●各放送局に設置されている高額な（　　　　　）を共同利用
することが可能となり、地方局の経営安定を図る。

マスター設備

4日目

最新時事
優先度 B

世界経済情勢

基本知識

　ロシアのウクライナ侵攻は世界的な**資源価格の高騰**や**サプライチェーン**の断絶を招き、さらに中国経済の低迷も加わるなど、2022年の世界経済の成長は鈍化した。

　欧米を中心とした金融引締めは成長の減速感を強めるとともに、金利上昇や通貨価値下落を通じて**グローバル・サウス諸国**を中心に債務リスクが高まった。

関連知識

▶高成長からの成長鈍化

　22年の世界経済は、**世界的な物価高騰**、欧米諸国の**金融引締め政策**の影響などが懸念された。21年の高成長から**成長は鈍化**するも、個人消費や設備投資は総じて底堅く**プラス成長**を維持した。

　23年前半は、不動産市場が低迷する中国経済や欧州経済の足踏みに対し、米国経済は住宅投資が大きく低下するも、自律的な回復基調を維持している。

▶急速な金融引締め政策

　消費者物価の上昇を受けて、欧米主要国は**急速な金融引締め**政策を実施した。22年は、初め0％台であった政策金利が数回にわたり1年間で3〜4ポイント上昇した。

　23年に入っても利上げは続き、10月時点の主要政策金利は、米国FRB（5.50％）、欧州ECB（4.50％）、英国BOE（5.25％）である。消費者物価の上昇率は23年に入りやや低下傾向にある。

▶インド経済の発展

　インドは23年7月、人口が世界最多となった。現在のところ、各産業の生産性上昇率は中国のほうが高いが、**ITサービスの輸出を強み**とするなど、インドの市場規模及び成長性が期待されている。

出題ポイント

次の文の◯に当てはまる言葉を入れなさい。

☑ 世界的な物価の高騰と対インフレ政策

★ エネルギーや食料価格の高騰により、
◯と呼ばれる南半球を中心とした
新興国・途上国は、輸入品を買うための外貨が不足
するなど、過剰な債務問題を抱えている。

グローバル・サウス

● 欧米諸国では22年に入り◯物価が上昇を続け、
月ベースでアメリカで8％台、欧州で5〜11％台の
上昇率を記録した。

消費者

● インフレが加速する中、欧米の主要中央銀行は政策
金利を数回にわたり引き上げる金融◯政策を
実施した。

引締め

● 欧州中央銀行（ECB）は22年7月に11年ぶりの利
上げを決定し、主要政策金利が◯％から引き上げ
られた。

0

☑ 経済成長の鈍化

● IMF（国際通貨基金）によると、22年の世界経済の
実質GDP成長率は対前年比で3.4％（推定値）と
◯成長となったが、21年の6.3％に比べて成
長は鈍化した。

プラス

● 米国では、利上げによる債券価格の下落が経営の悪
化を招くなどして、23年3月に◯銀
行が破綻した。

シリコンバレー

● 不動産市場の低迷が深刻化する中国の成長は鈍化し、
若年層の◯が過去最高となる21％の高水準で
推移している。

失業率

★ IMFによると、名目GDPで22年に英国を抜いて世
界5位となった◯は、26年に日本を、27年に
はドイツを抜いて米中に次ぐ世界3位の経済大国
になる見通しである。

インド

国内経済情勢

基本知識

　　2022年以降の日本経済は飲食・旅行などを中心とした個人消費や企業の設備投資の増加により内需が緩やかに持ち直してきた。19・20年度は2年連続でマイナス成長を記録するも、21年以降、GDP（国内総生産）は趨勢的に増加を続け、23年4-6月期には名目GDP（591兆円）、実質GDP（561兆円）ともに**過去最大**となった。

関連知識

▶ 需給ギャップ

　一国の**総需要と総供給（潜在的生産量）の差**を「需給ギャップ」という。需給ギャップが**プラスになれば需要超過で物価上昇圧力**となり、**マイナスの場合は物価下落圧力**となる。20年のコロナ禍で需要は大きく落ち込み、需給ギャップのマイナスが22年まで続いたが、**23年4-6月期にはプラス**（0.1％）に転じ、2019年7-9月期以来の需要不足が解消した。

▶ 景気循環と景気の回復

　景気循環における拡張期や後退期の転換点となる景気の「山」や「谷」の日付は、内閣府が確定して公表している。リーマン・ショックによる景気後退後、12年12月からの拡張局面は18年10月を山として後退局面へ、**20年5月に谷**を迎えて回復局面に入った。コロナ禍のマイナス成長から21年以降はプラス成長に転じた日本経済は**緩やかな回復**基調にある。

▶ 円安と物価高騰

　22年3月以降、米国の数回にわたる利上げ政策によって**日米金利差が拡大**、**円安・ドル高**の進行は23年に入っても続いた。円安による輸入物価の押し上げは**消費者物価指数や国内企業物価指数の上昇**を招き、欧米諸国に比べて低いとはいえ、光熱費や食料品価格の高騰は消費者マインドを弱めた。

解答

次の文の◯◯に当てはまる言葉を入れなさい。

☑ 景気循環と需給ギャップ

●景気循環における景気の「山」や「谷」の日付は
◯◯が確定して公表している。

内閣府

●戦後の◯◯◯期における「いざなぎ景気」では、
拡張期の長さは1965年から70年までの57か月。

高度経済成長

●18年10月を景気の◯として後退局面に入った日
本経済は、20年5月に谷を迎えた。

山

●需給ギャップを見る際の総供給とは、労働力や資本
設備等の生産要素によって決まる◯◯◯を意
味する。

潜在的生産量

●需給ギャップがプラスになれば需要超過で◯◯の
上昇圧力となる。

物価

●コロナ禍では需要の大幅な落ち込みから、先進諸国
の需給ギャップは◯◯◯幅が拡大した。

マイナス

●米国の需給ギャップが21年にプラスに転じたのに
対し、日本の需給ギャップがプラスに転じたのは
◯◯年の4-6月期。

23

☑ 経済成長と円安

●22年度は個人消費や企業の◯◯◯の増加により
内需が持ち直し、実質GDPは1.2％（前年比）の
プラス成長となった。

設備投資

●23年4-6月期には◯◯GDPと実質GDPともに過
去最大を記録するなど、緩やかな回復が続いている。

名目

●★米国の利上げ政策により日米の金利差が拡大し、急
激な円安ドル高が進行、◯◯◯の上昇は国内物
価の高騰を招いた。

輸入物価

●ユーロ圏や英国でも◯◯◯対策として利上げ政
策が実施され、対ユーロやポンドでも円安となった。

インフレ

日銀の金融政策

\基本知識/

中央銀行である日銀は、景気を調整し、物価の安定を目的とした金融政策を行う。金融政策には不況やデフレ対策としての**金融緩和**と、インフレ対策としての**金融引締め**がある。2022〜23年にかけては、欧米の中央銀行がインフレ懸念から利上げ政策を実施する中、日銀は物価上昇率の見通しを引上げるも大規模な金融緩和政策を継続した。

関連知識

▶1990年代以降のデフレ対策

金融機関が互いに短期の資金を融通し合う**コール市場**の金利の目標値をゼロとする**ゼロ金利政策**を、1999年に初めて実施した。

また、**公開市場操作**では日銀が**買いオペ**（国債や手形などの資産を市場で買い入れること）を行い、他方で、**日銀当座預金**残高をもとに貨幣量（マネーストック）を増加させる**量的金融緩和政策**が実施された。

▶物価目標と金融緩和政策の強化

日銀は13年に**消費者物価の上昇率2%**を目標として掲げ、金融緩和の「量的」側面に加え、日銀が買い入れる資産の種類や保有額、保有期間など「質的」な側面も考慮した**量的・質的金融緩和政策**を導入した。

16年1月には、**マイナス金利つき量的・質的緩和政策**を導入、9月には、金利操作を伴う**長短金利操作つき量的・質的金融緩和政策**を導入した。

▶23年に新日銀総裁が就任

23年4月に**戦後初の経済学者出身**の総裁として**植田新日銀総裁**が就任。

大規模金融緩和政策が継続されたが、7月の金融政策決定会合では、**10年物国債**利回りについて、0%の目標値からこれまでのプラスマイナス0.5%程度の変動幅を目途とするも、**上限1%**まで容認することを事実上決定した。

出題ポイント

次の文の◯に当てはまる言葉を入れなさい。

☑ 量的・質的金融緩和

● 金融緩和政策とは、市場に出回る貨幣量を増やす政策で、政策金利の引下げや、公開市場操作では◯オペが行われる。

買い

★13年に掲げられた「物価安定の目標」は、消費者物価の前年比上昇率◯%を目指すというものである。

2

● 貨幣の「量的」側面に加え、日銀が買い入れる資産の種類や保有額など「質的」側面も考慮した量的・質的金融緩和は、それまでの金融緩和策とは次元が異なるとして◯◯◯◯◯◯◯とも呼ばれた。

異次元の金融緩和

☑ ゼロ金利政策とマイナス金利政策

● ゼロ金利政策とは、短期金融市場の金利をゼロに誘導する政策。日本では1999年に初めて実施され、超短期の資金が融通される◯◯◯市場の無担保コール・レートの目標値をゼロとした。

コール

● マイナス金利政策は、民間の金融機関が日銀に設けている日銀◯預金口座の一部にマイナス金利を適用するというもの。

当座

☑ 長短金利操作

● 16年9月に導入された長短金利操作とは、短期金利と長期金利の両方の誘導目標を定めて金利を操作することで大規模金融緩和の強化を図るもの。長期金利については◯◯◯国債の利回りを指標とし、日銀が国債の買い入れを通して誘導している。

10年物

● 長短金利操作は、長短金利の誘導目標を操作することで、イールドカーブ（債券の利回りと償還期間との相関性を示したグラフ）を適切な水準に維持することを目指すことから◯◯◯◯◯◯◯とも呼ばれる。

YCC（イールドカーブ・コントロール）

FTA／EPA

\基本知識/

> 特定の国や地域間で様々な経済協定が締結されている。
> <u>FTA（自由貿易協定）</u>とは、関税や貿易障壁の消滅撤廃
> などによって貿易の自由化を進める協定で、<u>EPA（経済連</u>
> <u>携協定）</u>は、貿易や投資の自由化に加え、知的財産権の保
> 護や競争政策のルール作りなど、より幅広い分野を含む経
> 済関係の強化を目的としている。

関連知識

▶日本の経済連携協定（EPA／FTA）の流れ

日本が初めて2国間EPAを締結した相手国はシンガポール（2002年）で、その後もアジア諸国、中南米、スイス、英国などと、2国間協定を締結・発効済み。ASEAN（東南アジア諸国連合）やEU（欧州連合）との協定を含め、これまで24か国・地域との間で経済協定が発効済みである。

▶TPP（環太平洋パートナーシップ）と日米貿易協定

TPP協定の原協定はチリ、ニュージーランド、シンガポール、ブルネイの**4か国**から成るEPA（06年）で、その後、米国、日本、カナダ、オーストラリア、メキシコなどが加わり**16年に12か国**が署名した。しかし、17年に米国が離脱し、**米国を除く11か国**によるTPP11（CPTPP：包括的かつ先進的な協定）が発効、日米間では20年に**日米貿易協定**が発効した。

▶RCEP（地域的な包括的経済連携）

RCEP（アールセップ）は人口、GDP、貿易総額が世界の約3割（19年ベース）を占める**東アジア地域の広域経済圏**である。12年の交渉立ち上げの宣言以来、日・中・韓・オーストラリア・ニュージーランド、ASEAN（10か国）の15か国にインドを含め交渉が進められていたが、**19年にインドが離脱**し、**インドを除く15か国**で20年11月に署名、22年に発効した。

出題ポイント

	解答

次の文の◯に当てはまる言葉を入れなさい。

☑ 日本のFTA、EPA

- 日本は02年に初めて◯と2国間EPAを締結した。

  シンガポール

- 21年1月に◯と日本との間で2国間EPAが発効、これはブレグジット（EU離脱）後の◯にとって最初の大規模な通商協定となった。

  英国

  英国

- 23年現在、日本はトルコ、コロンビアとの間で2国間協定を、また◯の3か国で、EPA締結に向けて交渉中。

  日中韓

- 日本と湾岸協力理事会（GCC：アラブ首長国連邦やサウジアラビアなど湾岸6か国）との間では交渉が中断しているが、◯年に交渉再開の予定である。

  24

☑ TPPと米国、英国、中国

- TPPは16年に12か国が署名した段階では、世界のGDPの4割占める巨大経済圏となる予定であったが、◯の離脱により規模は縮小、11か国で「環太平洋パートナーシップに関する包括的及び先進的な協定（CPTPP）」（TPP11協定）が発効した。

  米国

- 日本はTPPを離脱した米国と20年に日米貿易協定を発効したが、日本側の◯の輸入関税については交渉対象から除外された。

  コメ

- ★日本がTPP議長国となった21年2月に◯がTPP加入を申請し、TPP参加11か国との間の交渉により、23年には加入が決まり、1年以内の発効を目指す。

  英国

- 21年9月には◯と台湾がTPPへの加入申請をしたが、参加11か国との交渉合意には至っていない。

  中国

4日目

24 FTA／EPA

国際収支

基本知識

　国際収支とは、一定期間における対外経済取引を体系的に示したもの。経常収支、資本移転等収支、および金融収支から構成される。国際収支統計で使用されている計上方法は、国際通貨基金（IMF）による統計マニュアルに基づく。

　2022年は、原油をはじめとする原材料価格の上昇や円安の影響を受け、<u>貿易収支が2年連続の赤字</u>となった。

関連知識

▶ 経常収支

　経常収支は、**貿易収支**（モノの輸出入）、**サービス収支**（運輸や旅行、金融などサービスの輸出入）、および**所得収支**（利子や配当などの受け取りと支払い）から構成され、財貨・サービスの価格や為替レートの影響を受ける。

　22年の経常収支は、第1次所得収支の黒字が拡大したが、貿易収支の赤字額増とサービス収支の赤字拡大から、**21年比で黒字が縮小**した。

▶ 訪日外国人旅行客の増減と旅行収支、 およびサービス収支

　サービス収支を構成する**旅行収支**は、訪日外国人と出国日本人の増減の影響を受ける。コロナ前は訪日外国人旅行客の増加で**旅行収支の黒字**が拡大傾向にあった。20-21年は旅行制限により旅行収支の黒字幅が縮小し、サービス収支全体の赤字拡大を招いた。

　22年は秋以降の水際対策緩和で旅行収支の黒字が小幅ながら拡大したが、デジタル関連の収支の赤字拡大により、**サービス収支は赤字**が拡大した。

▶ 金融収支と対外純資産残高

　金融収支とは、投資によって生じる対外金融資産・負債の増減に関する取引を記録したもので、**対外純資産残高の増減**に影響する。22年末の対外純資産残高は増加し、過去最大となった。

出題ポイント

次の文の◯◯◯に当てはまる言葉を入れなさい。

☑ 国際収支統計

● 国際収支は、経常収支、資本移転等収支および ◯◯◯から成り、うち経常収支は貿易収支・サービス収支および所得収支（第1次所得収支・第2次所得収支）から構成される。

金融収支

● 資本移転等収支とは、対価の受領を伴わない固定資産（道路などのインフラ整備など）の提供といった無償の収支のこと。他方、対価を伴わない無償の資金協力や援助などは◯◯◯に計上される。

第2次所得収支

★ 訪日外国人旅行客数が出国日本人旅行客数を大幅に上回ると、日本国内での外国人による消費拡大（旅行サービスの受け取り増加）によって旅行収支は◯◯◯となる。

黒字

● 金融収支とは、投資によって生じる対外金融資産・負債の増減に関するもので、対外金融資産から対外金融負債を引いた対外◯◯◯は、対外純資産残高の増減に影響する。

純資産

☑ 円安などの影響を受けた2022年の国際収支

● 21〜22年にかけて経済活動が回復するも、原油をはじめとする資源価格の高騰や円安の影響を受けて輸入価格が上昇し輸入額が拡大。
輸出入ともに増加するが、22年の貿易収支は◯◯◯となった。

赤字

● 22年の旅行収支は、秋以降の水際対策緩和や円安の影響を受けて入国者数が出国者数を上回り、旅行収支の◯◯◯が前年比で0.2兆円拡大した。

黒字

● 22年末時点の対外純資産残高は、◯◯◯により外貨建て資産の円建て評価額が増加したことも反映し、21年末より増額で過去最大となった。

円安

賃金／雇用

基本知識

　2020年に悪化した雇用情勢は、21年後半以降は持ち直している一方、人手不足問題も顕在化している。

　22年の名目賃金は19年の水準を上回るほどに大きく増加したが、物価上昇の影響を受けて<u>実質賃金はマイナスとなった</u>。「賃金と物価の好循環」が目指される中、23年の大企業賃上げ率は30年ぶりの高水準となった。

関連知識

▶ 同一労働同一賃金制度

　2019年から順次施行された**働き方改革**関連法の一つである**パートタイム・有期雇用労働法**には、正社員と非正社員の不合理な待遇格差の是正を目的とした**同一労働同一賃金制度**が盛り込まれ、20年4月から大企業で、21年4月からは中小企業にも適用された。

▶ 雇用情勢の回復

　22年の**完全失業率は2.6％**と前年比で0.2ポイント低下、就業者数は2年連続で増加した。前年に比べ就業者数がもっとも増加した産業は「医療・福祉」で、他方「卸売業・小売業」の就業者数は減少した。**有効求人倍率**（有効求人数÷有効求職者数）は20年9月に1.03倍と低水準となったが、21〜22年は月ベースで上昇を続け、22年10月には1.35倍まで上昇した。

▶ 賃金動向

　現金給与総額は一般労働者・パートタイム労働者ともに、22年は19年を上回った。パートタイム労働者は、**最低賃金の引き上げ**や、**同一労働同一賃金制度**に関する規定の施行による賞与等の新設・拡充が賃金上昇の背景にある。23年7月には、最低賃金について厚生労働省の審議会が全国平均の時給を41円引き上げるとし、全国平均で時給1002円と初めて**1000円を超えた**。

出題ポイント

次の文の◯に当てはまる言葉を入れなさい。

☑ 賃金動向

● 働き方改革で示された◯制度は、賃金水準などでの正社員と非正社員の不合理な待遇格差の是正を目的としている。

同一労働同一賃金

★ 23年の賃上げ率は3.99％と、◯年ぶりの高水準となった。

30

● 貨幣金額で表示される◯賃金は、現金給与総額でみると21年と22年に上昇した。

名目

★ ◯賃金とは物価の変動の影響を差し引いて計算される賃金であり、22年は物価上昇により低下した。

実質

☑ 雇用情勢

● 22年の就業者数は◯年連続で増加した。男女別でみると非正規労働者は男女ともに増加しているが、正規労働者では男性が減少しているのに対し女性は増加している。

2

● 22年の完全失業率は◯％と前年より低下した。男性はすべての年齢階級で低下しているのに対し、女性は35〜44歳及び65歳以上では横ばいとなった。

2.6

● 有効求人倍率は、21年以降は月ベースで◯傾向にあるが、23年9月は前年10月のピークより低下し1.29倍だった。

上昇

☑ 労働力人口減少と地域共生社会

● 22年の労働力人口（15歳以上の就業者と完全失業者）は約6900万人と、◯年ぶりに減少した

2

● 令和5年版『厚生労働白書』では、本格的な少子高齢化・人口減少時代を見据え、「つながり・支え合い」のある◯の実現への取り組みが示された。

地域共生社会

4
日
目

26
賃
金
／
雇
用

物価／地価

基本知識

> 日銀が掲げる2%の物価上昇率という目標を達成できない時期が続いたが、2022年2月のロシアによるウクライナ侵攻を機に、資源価格をはじめ世界的な物価上昇が加速、さらに内外金利差から急激な**円安**が進むなど、22〜23年は輸入物価を通じて国内物価が高騰した。デフレ脱却の正念場とされる中、政府は物価高対策を実施した。

関連知識

▶41年ぶりの物価上昇率

21年9月に生鮮食品を除く総合指数がプラス（0.1％）に転じた消費者物価指数は、22年9月には3％を上回り12月には4％を記録するなど、22年度は**前年度比3.0％の上昇率**で41年ぶりの高水準となった。

国内企業物価指数も上昇率はプラスで推移し、21年11月には9.0％と**41年ぶりの高水準**となった。

▶政府の物価高騰対策

22年には「ガソリン補助」や「**低所得世帯5万円給付金**」など、物価上昇の家計・事業者への影響を軽減するための物価高対策が実施された。

23年には電気料金やLPガスの負担軽減策などを盛り込んだ追加策を決定。ガソリンや電気・ガス料金への補助金は24年4月末まで延長される予定。

▶コロナ禍からの回復基調をみせる地価

コロナ禍で全国の地価は下落したが、基準地価は全用途でみると全国で**22年にプラスに転じ**、23年も2年連続で上昇した。

三大都市圏は対前年比で住宅地・商業地ともに伸び率が拡大、地方圏は22年のマイナスから23年には0.3％のプラス。とくに**地方圏の住宅地は31年ぶりの上昇**となるなど、地価の**回復基調は全国に広がっている**。

出題ポイント

次の文の◯に当てはまる言葉を入れなさい。

☑ 物価の動向

● 資源価格や食料品価格などの世界的な物価上昇と急激な◯により、輸入物価を通じて国内物価は上昇した。

円安

● 消費者物価指数は総務省が公表しているのに対し、企業間で取引される商品（財）の価格変動を測定した企業物価指数は◯が公表している。

日本銀行（日銀）

★ 22年度は対前年度比で消費者物価指数は3.0％の上昇率で、◯年ぶりの高水準となった。

41

● 23年も消費者物価指数は月ベースで3％以上の上昇率が続いているが、国内企業物価指数の上昇率は低下傾向にあり、10月には◯％を下回った。

1

☑ 物価高対策

● ガソリン補助とは、1リットルあたりガソリン価格の全国平均を◯円程度まで抑えるために、政府が石油元売りに補助金を出す政策である。

175

● 物価高による家計負担を軽減するための対策として、低所得世帯へ◯万円の給付金が支給された。

5

☑ 地価の動向

● 公的機関が調査し決定する土地の価格には、公示地価（国）、基準地価（都道府県）と、◯（国税庁）の3つがある。

路線価

★ 全国の基準地価は、全用途でコロナ禍からの回復をみせ、23年には◯年連続の上昇となった。

2

● 三大都市圏（東京圏、大阪圏、名古屋圏）では、住宅地、◯ともに2023年には対前年比で伸び率が拡大した。

商業地

骨太の方針

基本知識

　次年度予算案の編成に反映させるため、経済財政諮問会議が策定する政策の基本方針をまとめた文書。正式名称は「経済財政運営と改革の基本方針」。官邸主導での予算編成や財政改革を目指し、<u>小泉内閣が2001年から始めた</u>。

　首相が議長を務め、経済閣僚や民間有識者から成る経済財政諮問会議で議論され、毎年6月ごろに策定される。

関連知識

▶)「新しい資本主義」の加速

「基本方針2023」では、時代の転換点ともいえる内外の歴史的・構造的な変化と課題の克服に向けて、「新しい資本主義」の実現への取り組みを加速すべく、**労働市場改革**、**家計所得の増大と分厚い中間層の形成**、**多様な働き方改革**、**少子化対策・こども政策の抜本強化**など、大胆な改革が示された。

▶) 構造的賃上げの実現とデフレ脱却

　30年ぶりの高水準となる賃上げや企業部門の高い投資意欲を加速させるべく、賃金上昇やコストの適切な価格転嫁・マークアップの確保を伴う「**賃金と物価の好循環**」を目指すことが示された。政府・日銀の緊密な連携の下での取り組みにより、デフレマインドを払拭して**デフレ脱却**につなげる方針。

▶) 財政健全化への取り組み

　23年の「骨太方針」は前年と同様、「経済あっての財政」であり、経済の「**成長と分配の好循環**」の進捗指標のあり方、**経済再生と財政健全化の両立**の枠組みなどを検討するとして、中長期の経済財政運営の方針が示された。

　なお、21年の方針では、財政健全化目標としての**プライマリーバランス（基礎的財政収支）の黒字化**などの達成目標を25年としていたが、23年は前年度と同じく、達成時期については明示しなかった。

出題ポイント

	解答

次の文の◯に当てはまる言葉を入れなさい。

☑ マクロ経済運営と財政健全化

●基本方針2023では、賃上げは◯年ぶりの高水準
となり、「賃金と物価の好循環」、および「成長と分
配の好循環」を目指すとした。

30

●政府・日銀の緊密な連携の下で、日銀としては◯
％の物価安定目標の実現を期待し、デフレ脱却につ
なげるとした。

2

★21年の方針では、18年度の財政健全化目標を踏襲
し、国と地方のプライマリーバランスの◯達
成目標時期を25年としていた。

黒字化

☑ 新しい資本主義の加速

●多様な働き方を推進すべく、短時間労働者に対する
雇用保険の適用拡大を検討し、◯年度までを目途
に実施するとした。

28

●少子化対策としては◯に基づき、
子供・子育て政策の抜本強化により、加速化プラン
を推進するとした。

こども未来戦略方針

●官民連携による国内投資拡大に向け、予算・税制、
制度改革を総動員して民間設備投資◯兆円を早
期実現し、民間投資の誘発および雇用創出や所得増
加を促進するとした。

115

●省エネの推進や再エネの主力電源化、原子力の活用
など、10年間で150兆円の官民GX（グリーントラ
ンスフォーメーション）投資の実現、また、先行投
資としての◯債の活用などが示された。

GX経済移行

●DX（デジタルトランスフォーメーション）の加速
に向けては、デジタルの力を活用した行政サービス
の見直し、◯制度の安全信頼確保、
利便性や機能向上に取り組むとされた。

マイナンバーカード

G20／BRICS

基本知識

G20は**世界経済**に関する課題を議論するグループ。1997年の**アジア通貨危機**を機に、新興国が参加する枠組みが**G7**以外に必要と認識され、99年に**G20財務大臣・中央銀行総裁会議**が創設される。08年からは**首脳会合**も開催。

BRICS（ブリックス）は**ブラジル**、**ロシア**、**インド**、**中国**、**南アフリカ**の新興5か国の頭文字をとったもの。

関連知識

▶ G 2 0 の 近 時 の 動 向

1年ごとに交代する**G20議長国**は、サミットのほか、関係閣僚会合などを主催する。23年はインドが議長国を務め、**ニューデリー**で首脳会議を開催。ロシアによる**ウクライナ侵攻**で発生した**食料**、**エネルギー問題**や、今日の気候変動問題について協議した。

▶ B R I C S の 近 時 の 動 向

23年8月、BRICSの首脳会議が**南アフリカのヨハネスブルグ**で開催された。BRICSは5か国共通の利益拡大を目指す連合だが、米欧への対立軸としての性格を強めたい中露や、米欧との関係も重視するインドが参加するなど、各国の思惑がすれ違う側面もある。

23年の首脳会議では、サウジアラビア、アラブ首長国連邦（UAE）、イラン、エジプト、エチオピア、アルゼンチンの6か国が、24年1月から正式加盟国となることに合意する「**ヨハネスブルグ宣言**」が採択された。

●G20構成国とG7・G8・BRICs・BRICS構成国

G7 日本 米国 英国 ドイツ フランス イタリア カナダ		
G8		
ロシア		
G20 BRICs ブラジル インド 中国		
BRICS 南アフリカ		
韓国 オーストラリア インドネシア トルコ メキシコ アルゼンチン サウジアラビア EU		

出題ポイント

次の文の◯◯◯に当てはまる言葉を入れなさい。

☑ 23年G20首脳会合

● 23年のG20サミットには、ロシアのプーチン大統領と中国の習近平国家主席が欠席し、初日に◯◯◯が採択されるなど異例の展開となった。

首脳宣言
ロシア

● 首脳宣言では、ウクライナ情勢について、◯◯◯を名指しせずに、「すべての国は領土獲得のための武力による威嚇や行使を控えなければならない」とし、◯◯◯の使用や威嚇は許されないとした。

核兵器
食料・エネルギー

★ 首脳宣言では、ウクライナでの戦争よる◯◯◯安全保障やサプライチェーン(供給網)に対する悪影響が強調されたほか、人工知能(AI)に関する文言も盛り込まれた。

● 首脳宣言では、アフリカなど途上国の債務問題について「緊急かつ効果的に対処する」と確認するとともに、インドが提案していた◯◯◯の正式加盟が認められるなど、グローバル・サウスへの配慮が強調された。

アフリカ連合（AU）

☑ 23年BRICS首脳会議

● 23年の首脳会談では、◯◯◯から逮捕状が出ているロシアのプーチン大統領は対面での参加を見送り、オンラインで会議に参加した。

国際刑事裁判所
(ICC)

★ 首脳会談で採択された◯◯◯宣言ではBRICSの拡大が合意され、◯◯◯、アラブ首長国連邦、◯◯◯、エジプト、エチオピア、アルゼンチンの6か国が、24年からBRICSの正式加盟国となる。

ヨハネスブルグ
サウジアラビア
イラン

4日目

29 G20／BRICS

新型コロナウイルス

基本知識

新型コロナウィルス（COVID-19）は2019年に**中国・武漢**で発生し、20年3月に**WHO**により**パンデミック**に認定された。WHOが20年1月に宣言した「**国際的に懸念される公衆衛生上の緊急事態**」宣言が23年5月に解除されるまでに、世界で692万人以上、国内では7万5000人以上が死亡した。日本では緊急事態宣言が計4回（20.4〜21.9）発出された。

関連知識

▶ 日本における感染症法等の改正

22年12月、次世代の感染症に備えるために**感染症法等が改正**。感染症発生時における保健医療提供体制の整備や機動的なワクチン接種に関する体制の整備、水際対策の実効性の確保等が新たに定められた。

施行は一部を除き24年4月となっている。

▶ 新型コロナウイルス感染症の位置づけの変化

新型コロナウイルス感染症の位置づけは、これまで「**新型インフルエンザ等感染症**（いわゆる2類相当）」とされていたが、23年5月からは「**5類感染症**」に引き下げになり、**行動制限**に関する法的根拠がなくなり、感染対策は個人の判断に委ねられるようになった。

●新型コロナ流行の波

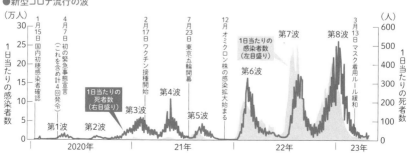

出題ポイント

	解 答

次の文の◯に当てはまる言葉を入れなさい。

☑ 新型コロナ5類移行による変化

●政府や行政による行動制限及び入院勧告や外出自粛
要請がなくなり、◯◯◯◯◯に委ねられる。

★医療費等が原則自己負担となるが、◯◯◯◯まで
はワクチン接種が無料、23年9月までは治療薬が無
料、◯◯◯◯◯は一部公費補助となった。

●政府の◯◯◯◯◯◯◯◯は廃止、専門家によ
る◯◯◯◯◯◯◯◯◯は引き続き存続する。

●新規感染者数の発表に関し、従来は政府が全数を毎
日把握・発表していたが、5月以降は週1回、全国
約5000の医療機関に年齢層や性別ごとの新規感染
者数を報告してもらう「◯◯◯◯◯」に変更した。

解答:
- 個人の判断
- 24年3月
- 入院医療費
- 新型コロナ感染症対策本部
- 新型コロナ感染症対策分科会
- 定点把握

☑ 国産ワクチンを初承認

●厚生労働省は23年8月、◯◯◯◯◯が開発した国産
初の新型コロナワクチンを承認した。

●効果は◯◯◯◯◯◯向けで、23年12月以降の接
種で使用される。

解答:
- 第一三共
- 従来株のコロナ

☑ WHOが緊急事態終了宣言

●WHOは23年5月、新型コロナ感染症について
「◯◯◯◯◯◯◯◯◯◯◯◯◯」の終了を宣言。
「ほとんどの国でコロナ前の暮らしに戻ることがで
きている」との認識を示した一方、「新型コロナが
世界的な脅威ではなくなったというわけではない」
ということも強調した。

●WHOの集計によると23年5月の宣言終了時点で、
世界では◯◯◯◯◯◯人以上が新型コロナ感染症
に感染し、692万人以上が死亡した。

解答:
- 国際的に懸念される公衆衛生上の緊急事態
- 7億6500万人

5日目

最新時事
優先度 C

東南アジア情勢

基本知識

　民主主義国家である**タイ**は、近年、軍事クーデターによりたびたび民主政権が覆されてきた。2023年の総選挙では、親軍派プラユット政権の与党が大敗したものの、第1党となった革新政党は政権を樹立できなかった。
　一方、カンボジアで行われた総選挙では、30年以上も長期政権を担う与党が圧勝した。

関連知識

▶ タイの政治情勢

　タイでは、01年に国民が待望した民主政権が誕生したが、06年に軍がクーデターを決行したため、首相を務めていた**タクシン**氏は外遊先から帰国できなくなった。11年の選挙では妹の**インラック**氏が率いる**タイ貢献党**が大勝し、初めての女性首相が生まれたが、14年には再びクーデターが勃発し、陸軍司令官のプラユット氏が首相となり政権を担当してきた。

　23年5月の総選挙では、軍の影響からの脱却を目指す革新政党の**前進党**が第1党となったが、首相指名選挙で政権樹立に失敗。第2党である**タイ貢献党**が親軍勢力や保守派と大連立を組むこととなった。

▶ カンボジア、続く「一党独裁」

　カンボジアでは、18年の総選挙で、これまで最大野党の救国党が解党され、**人民党**が全議席を獲得。事実上の一党独裁体制となった。

　23年の総選挙も、最大野党が選挙から排除され、人民党が125議席中120議席を獲得する圧勝。30年以上にわたり首相の座にあった**フン・セン**氏は、長男フン・マネット氏に政権を委譲した。

▶ ミャンマー情勢

　ミャンマーでは21年に国軍が**アウン・サン・スーチー**氏率いる**国民民主連盟（NLD）**からクーデターで権力を奪取した。

出題ポイント

次の文の◯◯に当てはまる言葉を入れなさい。

☑ 東南アジアで総選挙

★23年5月の総選挙で、タイでは反軍政・王室改革を
掲げる◯◯◯が第1党となった。しかし、最終的
には8月に第2党のタイ貢献党が擁立する◯◯◯
氏が首相に指名されることとなった。

前進党
セター

●◯◯◯元首相派のタイ貢献党は、14年の軍事ク
ーデターで政権の座を追われていた。

インラック

●23年7月、カンボジアでは、◯◯◯前首相率
いる人民党が総選挙で圧勝した。

フン・セン

●カンボジアのフン・セン前首相は選挙前から長男に
権力を移譲することを表明し、23年8月には国民議
会が◯◯◯氏を首相に承認した。

フン・マネット

☑ 東南アジア諸国連合(ASEAN)首脳会議開催

●23年9月、東南アジア諸国連合(ASEAN)首脳会議
がインドネシアの首都◯◯◯で開催された。

ジャカルタ

★議長声明では、21年の首脳会議で◯◯◯国軍
と合意した「暴力の停止」や「全当事者間の対話」
など5項目について「実質的進展がない」とし、「国
民に長期にわたり苦痛を与えている暴力の継続を強
く非難する」とした。

ミャンマー

●会議では、◯◯◯の埋め立てや軍事拠点化を進
める中国を念頭に「力による現状変更は容認できな
い」とする批判が相次いだ。

南シナ海

●中国は23年8月、南シナ海のほぼ全域の管轄権を主
張する自国の立場が反映された23年版の◯◯◯
を公表し、周辺国からの批判が強まっていた。

標準地図

●仏教徒が約9割を占めるミャンマーでは、民族的少
数派でイスラム教徒の◯◯◯が長く迫害され
ており、国際的に問題となっている。

ロヒンギャ

アフリカ情勢

基本知識

2023年4月にはアフリカ北東部**スーダン**で、国軍とその傘下にある準軍事組織との間で戦闘が発生。同年7月にはアフリカ西部の**ニジェール**、8月はアフリカ中部の**ガボン**でクーデターが発生した。自然災害も多発し、9月に発生したアフリカ北部の**モロッコ**における巨大地震や**リビア**の大雨による洪水が大きな被害をもたらした。

関連知識

▶ スーダン内戦の背景

スーダンは1956年に**イギリス**から独立。その後、イスラム教徒が多数を占める北部のアラブ系地域と、アニミズムやキリスト教を信仰する南部の黒人地域との根深い対立が続き、11年、南部が**南スーダン共和国**として分離独立した。

また、これとは別に03年から西部の**ダルフール地方**で紛争が起こり、推計約30万人が犠牲になった（20年に和平合意が成立）。19年には市民のデモをきっかけに、軍のクーデターで長年独裁政治をしていた**バシル大統領**が失脚した。その後、準軍事組織RSF（迅速支援部隊)が軍への統合をめぐって国軍と対立を深めていた。

▶ ニジェール、クーデターの背景

1960年にフランスから独立したニジェールでは、21年に民主的な選挙で親欧米派のバズム大統領が当選。今回の軍事クーデターは、大統領警護隊長の**チアニ将軍**が**バズム大統領**を拘束し、新たな指導者となった。

同国は国土の4分の3を**サハラ砂漠**が占めているが、砂漠南縁の**サヘル地域**ではイスラム過激派が台頭したため、フランスが軍隊を駐留させ、撤退を求める同国軍部と対立していた。なお、フランスのマクロン大統領は23年内の撤退を表明した。

出題ポイント

次の文の◯に当てはまる言葉を入れなさい。

☑ アフリカで政情不安

★23年4月、アフリカ北東部◯◯◯で、国軍と準
軍事組織RSFとの間で戦闘が発生した。背景には
RSFの軍への統合をめぐる対立があった。

スーダン

★23年7月、アフリカ西部◯◯◯で、大統領警
護隊長のチアニ将軍がクーデターを起こし、バズム
大統領を拘束して新たな指導者となった。

ニジェール

●23年8月、アフリカ中部◯◯◯で、共和国防衛隊
長のヌゲマ将軍がクーデターを決行、父親の代から
50年以上にわたる長期政権を担ったボンゴ大統領
を失脚させ、暫定大統領に就任した。

ガボン

☑ 大規模自然災害の発生

●23年9月、◯◯◯東部で大規模な洪水が発生し、
死者が8000人を超える事態となった。

リビア

●リビアは11年に起こった民主化運動◯◯◯で、
カダフィ政権が倒れた後、東西に政治勢力が分裂。
22年2月より、2人の首相が併存する状態にある。

アラブの春

●23年9月、◯◯◯で大地震が発生し、2900人以
上の犠牲者が発生した。

モロッコ

☑ その他関連知識

●岸田首相は23年4月、アフリカの◯◯◯、ガー
ナ、ケニア、モザンビークの4か国を歴訪した。

エジプト

●近年、アフリカでは◯◯が投資により影響力を強
化しており、日本はこれに対抗して◯◯◯
を主導し、関係を強化している。

中国

アフリカ開発会議
（TICAD）

●近年、マリや中央アフリカではロシアの民間軍事会
社◯◯◯が活動を行うなどして、当該地域にお
ける影響力が無視できない状況にある。

ワグネル

5
日目

32

アフリカ情勢

中南米情勢

基本知識

中南米には中米・カリブ地域と南米地域を合わせた33か国がある。地理的に「米国の裏庭」と称されてきたが、現在では米国に対する反発から、「**左派ドミノ**」と呼ばれる動きが政治面で見られるほか、**中国**との関係を強める国も出てきている。**ブラジル**をはじめ、豊富な資源を背景に「**グローバル・サウス**」としての存在感を強めている。

関連知識

▶ グローバル・サウス

グローバル・サウスとは、近年存在感を高める新興・途上国の国々や地域の総称。アジアやアフリカ、中南米など、主に南半球に多い新興・途上国を指す。**民主主義**をとる米国と**権威主義**をとる中ロが覇権を争う中、中立を貫くスタンスをとる傾向がある。ウクライナ問題でも欧米と異なり、中立的な姿勢を示す。中でも中南米では**ブラジル**はリーダー格にある。

▶ メルコスール

南米南部共同市場（メルコスール）は、**アルゼンチン**、**ブラジル**、**パラグアイ**、**ウルグアイ**の4か国が加盟する南米最大の**関税同盟**。自由貿易や、モノ・人・通貨の流動的な移動の促進を目指している。

▶ 中南米の近時の動向

22年に**ブラジル**では左派の**ルラ氏**が政権に返り咲くなど、「**左派ドミノ**」と呼ばれる現象が発生し、中南米と米国の関係は揺れている。

一方、**中国**は中南米との経済的結びつきを強化し取り込みを図っており、中国が主導する「**一帯一路**」構想にも多くの国が参加している。他方、**台湾**が外交関係を持つ13か国のうち7か国が中南米にあるなど、台湾との関係も深い。

出る！

出題ポイント

次の文の（＿＿）に当てはまる言葉を入れなさい。

☑ 中南米の近時の動向

● （＿＿＿＿＿＿）は23年3月、台湾との断交を正式に
発表し、「世界に一つの中国が存在することを認め、
中国政府が中国全土を代表する唯一の合法的な政府
と認識する」と表明。
カストロ大統領は親中派とされ、一帯一路構想にも
参画している。

ホンジュラス

● 23年4月、南米で唯一、台湾と外交関係を持ってい
る（＿＿＿＿）で大統領選があり、関係維持を主張
する与党のサンティアゴ・ペニャ氏が初当選を果た
した。

パラグアイ

● 23年8月、（＿＿＿＿＿）で大統領選の決選投票があ
り、中道左派のベルナルド・アレバロ氏が初当選。
アレバロ氏は台湾との外交関係を維持した上で、中
国との通商関係を拡大させるべきだと訴えていた。

グアテマラ

● 22年にブラジルでは（＿＿＿＿＿）氏に代わり、左派
の（＿＿）氏が政権に返り咲くなど、中南米では「左
派ドミノ」と呼ばれる現象が発生していた。

ボルソナロ
ルラ

☑ 中南米経済の動向

★ ブラジルとアルゼンチンは23年1月、両国の「共通
通貨」の創設に向け協議を始めることで合意。
ドルに代わる貿易決済手段として、新共通通貨
「（＿＿＿）」を「南米南部共同市場（メルコスール）」
などの共通通貨とすることを目指す。

スル

★ 23年8月のBRICS首脳会議では、BRICSの拡大が合
意され、南米の（＿＿＿＿＿＿）を含む6か国が、24
年からBRICSの正式加盟国となる。

アルゼンチン

5日目

33 中南米情勢

人口減少

基本知識

2022年10月時点の総人口は**1億2494万7千人**で、**12年連続の減少**となった。出生数は7年連続で減少し、過去最低の約77万人で、80万人を初めて下回った。出生数が過去最少となった一方で、死亡数は過去最多を記録した。**合計特殊出生率**は前年より0.04ポイント減の**1.26**で、**過去最低**を更新した。今後、少子化はますます加速する見込みだ。

関連知識

▶人口減少の原因と課題

　人口減少は我が国で喫緊の課題である。減少の原因は少子化と高齢化である。少子化の主な理由としては、**未婚化**や**晩婚化**の進行が挙げられる。

　また、高齢化の加速によって、**働き手の不足**や**社会保障関係経費等の増加**などが懸念される。

▶合計特殊出生率

　合計特殊出生率とは、**15〜49歳までの女性の年齢別出生率を合計したもので、1人の女性が生涯に産む子どもの数**を示す。人口が減少しないために求められる数値の「人口置換水準」は**2.07**。

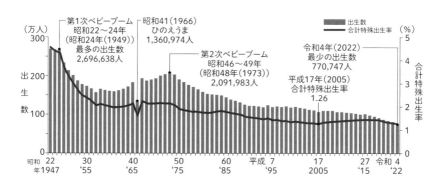

出題ポイント

次の文の◯に当てはまる言葉を入れなさい。

☑ 止まらない人口減少

● 23年6月に厚生労働省が発表した人口動態統計によると、22年の出生数は7年連続で減少し、過去最低の約◯万人となり、80万人を初めて下回った。

77

★ 1人の女性が生涯に産む子供の数を示す合計特殊出生率は◯で、過去最低となった。

1.26

★ 23年9月時点の推計では、総人口に占める65歳以上の高齢者の割合が前年比0.1％増の◯％となり、過去最高。80歳以上の人口は1259万人で、初めて「10人に1人」となった。

29.1

● 高齢者人口は、1950年以降で初めて減少。現在65歳を迎えているのは47～49年生まれの◯以後の世代で比較的人口が少ないため。

団塊の世代

● 近年、先進国を中心に少子化が進行している。合計特殊出生率の世界最低値は◯の0.78（22年：暫定値）。

韓国

☑ 東京増加、沖縄減少

● 東京都を除く46道府県で人口が減少し、◯県では自然減716人と社会増571人をあわせ、人口は145人減の146万8000人となり、1972年以降初となる人口減に転じた。

沖縄

● 東京都では2年ぶりに人口が増加し、前値比2万8000人増の◯万8000人となった。

1403

ただし、出生数から死亡数を引いた「◯増減数」では4万1000人の減少で、代わりに都外からの転入などによる「◯増減数」が6万9000人増だったことで補った。

自然

社会

南アジアの動向

基本知識

> 南アジアでは、<u>インド</u>が積極的な外交を展開し、<u>人口も中国を抜き世界一</u>（推計）となるなど、存在感を増す。
>
> 一方、22年に<u>スリランカ</u>が債務不履行に陥った余波や、22年に<u>パキスタン</u>で起きた大水害、<u>アフガニスタン</u>のタリバン政権による女性の人権抑圧などといった不安材料も抱えている。

関連知識

▶ インド、 グローバル・サウスとして高まる存在感

インドは対中国を念頭に置いた**クアッド（Quad）**に参加する一方、中露が主導する「**上海協力機構（SCO）**」にも参加し、欧米や中露との間でバランス外交を展開する。

ただ、インドは隣国との関係が必ずしも良好ではない。北部のカシミール地方をめぐっては、隣国パキスタンと領域紛争を抱えるほか、中国との国境紛争も棚上げされたままだ。

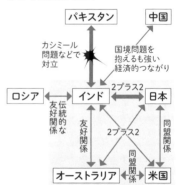

●インドと関係する国々

※2プラス2とは、2か国の外交担当閣僚と防衛担当閣僚が、安全制作や防衛政策を話し合う枠組み。

▶ その他の南アジア諸国の動向

南アジアでは高い経済成長が見込まれる一方で、情勢不安を抱える国が少なくない。21年には**アフガニスタンでタリバンが復権して以来**、情勢が不安定であるほか、23年10月には度々地震が発生するなど混乱が続く。

22年、**スリランカはデフォルト（債務不履行）になった。**中国からの融資が返済できずに「**債務の罠**」にかかったとみられている。

出題ポイント

次の文の◯に当てはまる言葉を入れなさい。

☑ 近時のインド動向

● インドでは人口が23年半ばに中国を290万人上回る
◯億2860万人（推計）になり、世界一となるなど、
さらなる成長が期待される。

14

● また、インドは23年9月、◯の議長国を務めた
ほか、5月に広島で開催されたG7サミットに招待
国として参加し、存在感を見せた。

G20

★ 23年8月、インドの無人探査機「チャンドラヤーン
3号」が、同国初の◯への着陸に成功。着陸は、
旧ソ連、米国、中国に次ぐ4か国目で、宇宙大国と
しての存在感を増している。

月

● 欧米諸国を中心とする国際秩序への対抗を目指して
中露が主導する国際協力枠組み、◯
の首脳会議が、23年7月、オンライン形式で開催。
インドが初の議長国を務めた。

上海協力機構
（SCO）

★ 上記の会議では、◯が正式な加盟国として承
認され、上海協力機構の拡大路線が鮮明となった。

イラン

☑ その他、近時の南アジア動向

● 中国は、同国が主導する◯を通してバング
ラデシュをはじめとする南アジアの国の取り込みも
図っている。

一帯一路

● 日本は、同志国の軍に防衛装備品などを無償で提供
するOSA（政府安全保障能力強化支援）の支援先と
して、23年度はフィリピンやマレーシア、
◯、フィジーの4か国を対象とするこ
とを発表。覇権主義的な動きを強める中国などを念
頭に、抑止力を高めるねらいがある。

バングラデシュ

36 ★★★ 刑事関連法改正

基本知識

　時代に即した新たな刑事司法制度構築のため、**GPS端末**を装着できるようにする制度の新設を盛り込んだ改正刑事訴訟法が2023年5月、参院本会議で可決・成立。

　また、性被害の広がりや深刻さを受けて性犯罪の規定を大幅に見直した改正刑法が23年6月に可決・成立するなど、刑事関連法の改正が相次いで行われた。

関連知識

▶性的姿態撮影等処罰法制定（23年7月施行）

　盗撮を厳しく取り締まる「**撮影罪（性的姿態撮影等処罰法）**」が施行された。従来、盗撮を全国一律で取り締まる法律はなく、各自治体の条例などで取り締まっていた。撮影罪では**同意なしの性的な部位や下着、性交の様子などの写真の撮影・配布・所持を禁止**、性的行為をひそかに撮影することも犯罪行為とみなされる。違反した場合は**3年以下の懲役**または**300万円以下の罰金**。

▶改正刑法（23年7月施行）

　従来の強制・準強制性交罪に「膣か肛門に、身体の一部か物を挿入するわいせつな行為」を追加し**不同意性交罪**として統合。

　強制・準強制わいせつ罪は**不同意わいせつ罪**へ統合した。

　両罪とも成立要件を明確化している。

●不同意性交罪・不同意わいせつ罪について

成立条件を明確化
現行の強制性交罪と準強制性交罪を統合「**不同意性交罪に**」
1. 暴行・脅迫　2. 心身の障害 3. アルコール・薬物の影響　4. 睡眠など意識不明瞭 5. 意思を示すいとまがない　6. 恐怖・驚愕 7. 虐待　8. 経済的・社会的地位の利用
＋
被害者を、性的な行為に同意しない意思の形成・表明・全うが困難な状態にさせる

公訴時効を5年延長
●不同意性交罪 10→15年　●不同意わいせつ罪 7→12年

性交同意年齢を引き上げ
●13→16歳に

出題ポイント 出る！

次の文の◯に当てはまる言葉を入れなさい。

| | 解答 |

☑ 改正刑法

●不同意性交罪と不同意わいせつ罪は「◯◯◯◯◯◯◯を形成、表明、全うすることのいずれかが難しい状態」にすることが成立要件となる。

同意しない意思

●公訴時効期間が、不同意性交罪は10年から◯年に、不同意わいせつ罪は7年から◯年に延長される。

15

12

★性交同意年齢が13歳から◯歳に引き上げられた。なお同年代同士の行為は罪とならず、13歳から15歳については◯歳以上年上の場合に処罰される。

16

5

●16歳未満に金銭提供を約束等して面会を求める行為について◯◯◯◯◯◯罪、性的な画像や動画の送信を求めた場合は◯◯◯◯◯◯罪を創設した。

わいせつ目的面会要求

映像送信要求

☑ 改正刑事訴訟法

★23年5月に改正刑事訴訟法が成立。保釈中の被告の海外逃亡を防ぐ必要があると裁判所が判断した場合、保釈中の被告に対し◯◯◯◯◯◯の装着を命令できる制度が導入された。

GPS端末

●被告の位置情報は、空港や港湾施設等の◯◯◯◯◯への立ち入りや端末取り外し等の◯◯◯◯◯が検知された場合にのみ裁判所に通知される。

所在禁止区域

順守事項違反

●順守事項違反の場合、1年以下の◯◯◯◯となる。

拘禁刑

●逮捕状や起訴状について、◯◯◯◯◯◯◯◯の記載を省いた抄本とすることができるようになった。被告の反論の防御権が損なわれるおそれがある場合は、裁判所に情報通知を請求できる仕組みも規定された。

被害者の個人情報

●保釈中の被告を監督する◯◯◯◯を裁判所が選任できる制度も導入。選任された者は◯◯◯◯◯を納める。被告が逃げるとそれは没収される。

監督者

監督保証金

37 ★★★

デジタル技術

基本知識

近年のデジタル化進展の背景には技術の急速な発展がある。近年では量子力学の原理を利用して計算を行う「量子コンピュータ」や、学習データをもとに文章・画像・動画を作成する「生成AI」の活用が国内外で進む。

2023年5月開催の<u>G7広島サミットにおいても</u>今後のデジタル技術のあり方に関する議論が行われた。

関連知識

▶DX（デジタルトランスフォーメーション）

DXとは、企業がビッグデータやデジタル技術を活用し、製品やサービス、ビジネスモデルを変革するとともに、業務そのものや、組織、プロセス、企業文化・風土を変革し、優位性を確立することである。

日本では20年に、企業のDXに関する自主的取り組みを促すため、DXを踏まえた経営ビジョンの策定・公表といった経営者に求められる対応を「**デジタルガバナンス・コード**」として取りまとめている。

▶Society5.0（超スマート社会）

現実空間と仮想空間を融合させたシステムにより、**経済発展及び社会課題の解決を両立する社会**のこと。16年に政府が「第5期科学技術基本計画」を策定し、我が国が目指すべき社会の姿として提唱している。

▶量子コンピュータ

スーパーコンピュータと比べて1億倍以上の速さで計算できるコンピュータ。従来技術では時間がかかる計算を、量子コンピュータなら高速で計算できることを**量子超越**という。

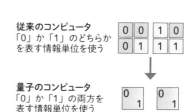

従来のコンピュータ
「0」か「1」のどちらかを表す情報単位を使う

量子のコンピュータ
「0」か「1」の両方を表す情報単位を使う

出題ポイント

	解答

次の文の◯に当てはまる言葉を入れなさい。

☑ G7デジタル・技術相会合共同声明(23年)

- ◯（　　　　　　　　　　　　）の実現に向けて、法の支配、人権尊重、適正な手続き、民主主義、技術革新の機会の活用の5つの原則で合意。

  責任あるAI、信頼できるAI

- ◯信頼性ある自由なデータ流通（　　　）の具体化に向け国際的枠組みを24年設立で合意した。

  DFFT

☑ 各国のAI政策

- ◯23年4月に日本政府は（　　　　　　）の初会合を開き、行政における生成AIの利用について、機密情報については原則的に取り扱わず、リスクを踏まえて範囲を特定するなどの方針が確認された。

  AI戦略チーム

- ◯（　　　）はAI規制として23年内に政府による事前審査を設ける方針を明らかにした。

  中国

- ◯（　　　）のデータ保護当局GPDPは、23年3月に違法な個人情報収集等の観点からChatGPTの国内での使用を一時的に禁止し、同年4月に解除された。

  イタリア

☑ 初の国産量子コンピュータが稼働

- ★国内企業と（　　　　　　）による研究グループが国産で初めてとなる量子コンピュータを完成させた。

  理化学研究所

- ★量子コンピュータ心臓部の部品である量子ビットは超伝導素材で作る（　　　　　）を採用している。

  超伝導方式

☑ 半導体技術

- ◯半導体は、経済施策を一体的に講ずることによる安全保障の確保の推進に関する法律（経済安全保障推進法）で（　　　　　）に指定されている。

  特定重要物質

5
日目

37
デジタル技術

宇宙開発

基本知識

　　宇宙分野の開発と利用は人々の生活を豊かにする貴重なフロンティアであり、かつ防衛政策上も極めて重要なため、世界で宇宙開発への関心が高まっている。

　　各国による宇宙開発競争が行われる中、2022年には世界中で178回のロケット打ち上げによって宇宙船が軌道上に運ばれており、とりわけ**中国**や**インド**の躍進が目立っている。

関連知識

▶ アルテミス計画

　米航空宇宙局（NASA）が19年に発表した国際協力プロジェクト。有人月着陸及び月の持続的な探査を実現し、将来の**火星有人探査**の拠点作りを進めようという計画。20年には**日本**、**米国**、**カナダ**、**イタリア**、**ルクセンブルク**、**UAE**、**イギリス**、**オーストラリア**の8か国が、宇宙探査や宇宙利用に関する基本原則である**アルテミス合意**に署名をした。

▶ 宇宙基本計画

　宇宙基本法に基づいて宇宙開発・利用に関する施策について、総合的かつ計画的な推進を図ることを目的とする計画。

　09年から始まり、政府の宇宙開発戦略本部が策定して閣議決定する。20年にはミサイル探知など**安全保障目的**を重視する改定が行われ、23年6月には産業などの観点から改定が行われた。

▶ はやぶさ2

　宇宙航空研究開発機構（JAXA）が14年に打ち上げた小惑星探査機。19年に小惑星「**リュウグウ**」から採取された土壌からは、生命の起源に関わる**アミノ酸**や**炭酸水**が見つかった。はやぶさ2は現在も次の小惑星に向けて飛行中である。次の小惑星到着は**31年**の予定。

出題ポイント

次の文の⬭に当てはまる言葉を入れなさい。

☑ 日本の宇宙開発

★23年9月、無人探査機「スリム」と天文観測衛星「クリズム」を搭載し、日本初の月面着陸を目指す（　　　　　　　）が打ち上げに成功した。

H-IIAロケット
47号機

●23年3月、JAXAは同年2月にシステムの異常検知で打ち上げを中止していた（　　　　　　　）の打上げを実施したが、（　　　　　　　）により打ち上げに失敗した。安全のために機体は指令破壊され、機体に搭載した地球観測用衛星「だいち3号」は失われた。

H3ロケット1号機

2段エンジンの
不着火

●22年10月の打ち上げに失敗した固体燃料ロケットイプシロン6号機の打上げ失敗原因に関し、JAXAは23年4月に（　　　　　　　）と結論づけた。

燃料タンク内の部
品の不良による配
管の詰まり

☑ 諸外国の宇宙開発

★23年5月、中国は宇宙ステーションの乗組員交代のために有人宇宙船（　　　　）を打ち上げ、中国初の民間人宇宙飛行士を軌道に送り込んだ。

神舟16号

●23年5月、中国は無人の補給船（　　　　）を打ち上げた。補給船の打ち上げは、中国独自の宇宙ステーション「天宮」の完成後初である。

天舟6号

★23年8月、インドの無人探査機（　　　　　　）がインド初の月面着陸に成功し、世界で初めて月の南極付近に着陸した。月面着陸は、旧ソ連、米国、中国に次ぐ4か国目。他方、ロシア無人月探査機「ルナ25」は同月、月面着陸に失敗した。

チャンドラヤーン
3号

●23年9月にインド初の太陽観測衛星（　　　　　　）が打ち上げられた。太陽の表面現象であるコロナやフレアの観測を担い、地球磁場の乱れなどの予測を目的とする。

アディティヤL1

マイナンバーカード

基本知識

> マイナンバーカードの交付は2016年より開始。その後、政府は22年度末までにほぼ全国民へのマイナンバーカード普及を目標に掲げ、マイナポイント事業や健康保険証との一元化も同時に進めている。
> 一方、健康保険証情報や公金受取口座情報が<u>他人のカードに誤登録される</u>など、トラブルも発生している。

関連知識

▶ マイナンバー

12桁の個人番号を全国民に付与し、納税や社会保障の個人情報を結びつけて管理を行うもの。21年からはマイナンバーカードが<u>健康保険証</u>として使えるようになった。

なお、人口に対するマイナンバー申請率は23年12月時点で<u>78.8%</u>である。

▶ マイナポータル

マイナンバー制度に伴って開設された行政手続きが可能な個人ごとのポータルサイトである。行政機関が保有する個人情報や、やりとり記録、通知などが閲覧できる。なお、**マイナンバー情報誤登録により**、他人の情報が閲覧できてしまうトラブルなどが多数発生している。

●マイナンバーカードをめぐる主なトラブル

トラブルの内容	件数	対応状況
・マイナンバーと公金受取口座のひもづけで別人口座を登録	14自治体 20件	システム改修
・マイナポイントを他人に誤って付与	97自治体 121件	システム改修
・マイナ保険証に他人情報をひもづけ	約7300件	健康保険組合などが点検
・住民票の写しなどのコンビニ交付で別人の証明書を発行	4自治体 14件	サービス停止に伴う点検

出題ポイント

次の文の⟨◯◯◯⟩に当てはまる言葉を入れなさい。

	解答

☑改正マイナンバー法成立

★23年6月、マイナンバーカードと保険証を一体にする「⟨◯◯◯◯◯◯⟩」の普及を目指すため、改正マイナンバー法が成立。現在の保険証は、廃止決定日から1年の猶予期間を経て使えなくなるとされた。

マイナ保険証

●健康保険証の廃止は⟨◯◯◯◯⟩を予定している。

24年秋

★カードを持っていない人でも保険診療を受けられる「⟨◯◯◯◯◯⟩」の発行が可能になる。資格確認書の期限は5年を超えない範囲とする方針。

資格確認書

●給付金等を迅速に配るため、⟨◯◯◯◯⟩を拡大していく方針を盛り込み、年金受給の口座情報を年金機構から政府へ提供することを事前通知し、不同意の連絡が1か月程度なければ⟨◯◯◯◯⟩として扱うとした。

口座登録

同意した

●社会保障や税金、災害対策の3分野に限っていた用途を、引っ越し時の自動車変更登録や⟨◯◯◯◯⟩の手続きなどでも使えるようにするとした。

国家資格

☑マイナンバー情報総点検の結果報告

●マイナンバーカードをめぐるトラブルを受け、⟨◯◯◯◯◯◯⟩をトップとする省庁横断の「マイナンバー情報総点検本部」が23年6月に設立された。

デジタル大臣

●23年12月にはマイナンバー情報総点検の最終結果が公表され、マイナンバーと健康保険証のひもづけにおいて累計⟨◯◯◯◯⟩件の誤登録が確認された。

1万5907

●マイナポータルで閲覧可能な55事務のうち、ひもづけの間違いは12事務で確認され、健康保険証で⟨◯◯◯⟩件、障害者手帳で5645件の誤登録が確認された。

8695

★最終結果を踏まえ、岸田首相は従来の方針通り、健康保険証の発行を⟨◯◯◯◯⟩に原則終了し、猶予期間を経て25年秋には完全廃止することを表明した。

24年12月

最高裁判決

基本知識

　2023年1月、最高裁は21年の衆院選における最大**2.08倍**の「<u>一票の格差</u>」を**合憲**と判断。23年10月には、22年の<u>参院選</u>における最大**3.03倍**の格差を合憲と判断した。

　衆院選については「<u>アダムズ方式</u>」の導入決定が評価され、参議院選挙については2つの選挙区を1つにする「<u>合区</u>」の実施が評価された。

関連知識

▶一票の格差

　一票の格差とは、選挙区ごとに議員定数1あたりの有権者数が異なることから生じる、一票の価値における不平等のこと。有権者が多い選挙区ほど1票の価値は小さくなり、逆に少ないほど価値は大きくなる。

　最高裁は**衆院選では2倍**まで、**参院選ではおおむね3倍まで**を目安に、09、12、14年の衆院選を<u>違憲状態</u>として国会に是正を求めていた。

　その後、国会による是正努力を踏まえ、近年の判決では衆参ともに「合憲」の判断が示されている。21年の衆院選は17年衆院選に続き2回連続の「合憲」。参院選については16、19、22年と3回連続で合憲の判断が示された。

▶アダムズ方式 (衆議院)

　衆議院議員選挙において、**人口に応じて選挙区に議席を配分**する方法。都道府県の人口を一定の数値で割った商の小数点以下を切り上げた数が、都道府県ごとの小選挙区(議席)の数となる。切り上げにより、どの都道府県も最低1議席が配分される。16年に導入を決定、次回の衆議院選から導入される。

▶合区 (参議院)

　人口の少ない選挙区を隣接する選挙区と1つにすること。**15年の公職選挙法改正で導入**され、「<u>鳥取県と島根県</u>」「<u>徳島県と高知県</u>」が16年の選挙から合区にされた。

出題ポイント

次の文の◯に当てはまる言葉を入れなさい。

☑「一票の格差」をめぐる最高裁判決

★23年1月、最高裁は、1票の格差が最大◯倍だった21年10月の衆院選小選挙区選挙について、合憲と判断した。

●23年10月、最高裁は、1票の格差が◯倍であった22年7月の参議院選挙について、「◯」の実施により格差が「拡大傾向にあるとも言えない」とし合憲と判断した。

☑ その他の最高裁判決

●長崎県の国営◯干拓事業の堤防排水門の開門をめぐり、かつて開門を命じた確定判決の「無力化」を国が求めた訴訟の上告審で、23年3月、最高裁は漁業者側の上告を棄却。開門しないことが確定し、国側が勝訴した。

●定年後の再雇用で◯を大幅に減額されたことが違法かどうか争われた裁判で、23年7月、最高裁は、労働契約法が禁じる正社員との「不合理な格差」に基本給も該当し得るとした一方、不合理か否かの判断には「基本給の様々な性質を検討すべき」と判断し、審理を高裁に差し戻した。

●米軍普天間飛行場の◯への移設工事につき、防衛省が申請した設計変更を承認するよう、国が県に「是正指示」を出したのは違法だと県が訴えた訴訟で、23年9月、最高裁は県の上告を棄却した。

●17年に野党が憲法53条に基づいて◯の召集を求めたのに内閣が約3か月間応じなかったのは憲法違反だとして、野党議員らが国に賠償などを求めた訴訟の上告審で、23年9月、最高裁は、議員側の上告を棄却する判決を言い渡した。

6日目

最新時事
優先度 D

41 ★★

児童虐待／貧困

基本知識

こども家庭庁は2022年度の児童虐待相談件数を発表。<u>21万9170件</u>と過去最多になり、統計を取り始めた1990年度から<u>32年連続での増加</u>となった。

また、厚生労働省は生活保護の被保護者調査を公表。22年度の生活保護申請件数は前年比<u>6.9％増の24万5686件</u>となった。国や自治体の取り組みが急務となっている。

関連知識

▶ 改正児童虐待防止法等

19年に成立した改正児童虐待防止法と改正児童福祉法では、里親や親権者及び児童福祉施設長による<u>体罰の禁止が明文化</u>された。

22年成立の改正民法では、親が監護・教育に必要な範囲で子を懲戒できるとする「<u>懲戒権</u>」の規定を削除する一方、体罰や子の心身の発達に有害な影響を及ぼす言動を禁止する規定を追加した。

▶ 相対的貧困率

全世帯分の可処分所得を国民1人あたりに換算して順番に並べたとき、中央値の半分に満たない者の割合。21年の全体の相対的貧困率は<u>15.4％</u>で、前回調査の18年より0.3％低下したが、国際的に高い水準である。

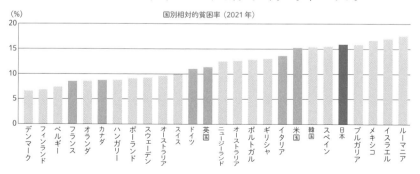
国別相対的貧困率（2021年）

出題ポイント

| | 解答 |

次の文の◯に当てはまる言葉を入れなさい。

☑22年の児童虐待の動向

● こども家庭庁は23年9月、22年度に児童相談所が
児童虐待について受けた相談は◯件で過去
最多と発表した。前年度より1万1510件増え、32
年連続で増加した。

★虐待相談の内容は◯が最多で59.1％、身
体的虐待は23.6％、ネグレクトが16.2％、性的虐
待が1.1％であった。

★0歳や生後1か月に満たない子供の虐待死が多いた
め、国は産前から支援が必要とされる「◯」
の支援を強化するとした。

● 24年施行の改正児童福祉法には、親を頼ることが
できない、住む場所がない特定妊婦や子供について、
◯が日常生活の支援を行うよう明記された。

☑保育施設での不適切保育

● 23年5月、全国の自治体において「不適切な保育が
疑われる」として事実確認された件数は1492件で、
うち「不適切な保育」とされたのは◯件であった。

●「不適切な保育」のうち、暴力や暴言等の虐待は
90件で、うちもっとも多いのは◯の42件。
続いて身体的虐待、性的虐待、ネグレクトの順。

● 全国の自治体で不適切な保育に関して相談窓口を設
けている自治体は23年5月時点で◯％にとどま
っている。

☑生活保護申請

● 厚生労働省が発表した22年度の生活保護申請件数
は前年比6.9％増の◯件だった。

解答欄：
21万9170

心理的虐待

特定妊婦

自治体

914

心理的虐待

43

24万5686

6日目

41 児童虐待／貧困

119

犯罪／自殺

基本知識

2022年の刑法犯認知件数は20年ぶりに前年比増となった。街頭犯罪及び重要犯罪がともに増加している。

自殺に関しては、22年の自殺者数は2万1881人だった。**男性は13年ぶりの増加、女性は20年から3年連続の増加**となっている。

関連知識

▶ 犯罪対策閣僚会議

22年12月、「世界一安全な国、日本」の復活を目指し、関係推進本部及び関係行政機関の緊密な連携を確保するとともに、有効適切な対策を総合的かつ積極的に推進することを目的として開催。23年3月には「SNSで実行犯を募集する手口による強盗や特殊詐欺事案に関する緊急対策プラン」を策定した。

▶ DDoS攻撃

Webサーバなどに大量のアクセスやデータを送りつけ、正常なサービス提供を妨げることを「DoS攻撃」と呼ぶ。中でも複数の場所から大量のデータを送り、パンクさせる攻撃を「DDoS攻撃」という。

被害の99%が海外からの攻撃であり、23年上半期被害の発信元は、1位**米国（38.8%）**、2位オランダ（13%）、3位中国（11.6）となっている。

▶ ジャニーズ性加害問題

事務所に所属する男性タレントを性的対象とし、事務所創設者による性的虐待が行われていたとの証言が複数寄せられたことで表面化。23年9月にはジャニーズ事務所が謝罪会見を開き、翌月には社名を「**株式会社SMILE-UP.**」に変更した。23年6月、性犯罪の確実な処罰を目指すため、**不同意性交罪**を定め、**性交同意年齢が13歳から16歳に引き上げられた**。

出題ポイント

| | 解答 |

次の文の◯◯に当てはまる言葉を入れなさい。

☑22年の犯罪情勢

★刑法犯認知件数は◯◯◯件で、戦後最少であった21年（56万8104件）を上回った。

60万1331

●街頭犯罪の認知件数は◯◯◯件となり、前年比で14.4％増加した。一方、侵入犯罪の認知件数は4万6392件で、前年比で2％減少した。

20万1722

★特殊詐欺の認知件数は◯◯◯件であり、2年連続で増加となった（前年比21.2％増）。また、特殊詐欺の被害額は370.8億円であり、8年ぶりに前年比増となった（前年比31.5％増）。

1万7570

●企業・団体等のランサムウェア被害として、22年に都道府県警から警察庁に報告のあった件数は◯◯件と、前年比で57.5％増加した。

230

●不正アクセス禁止法違反の検挙件数は◯◯件と、前年より93件（21.7％）増加した。また検挙人員も257人と前年より22人（9.4％）増加した。

522

●不正アクセス禁止法違反として検挙した不正アクセス行為の類型別内訳をみると、他人の識別符号を無断で入力する「◯◯◯◯◯◯」が482件（全体のうち92.3％）と最多であった。

識別符号窃用型

●インターネットバンキングに係る不正送金事犯の発生件数は◯◯件（前年比94.5％増）、被害額は約15億2000万円（85.4％増加）であり、いずれも3年ぶりの前年比増加となった。

1136

☑22年の国内自殺者数

★全国の自殺者数は21年より◯◯◯人増の2万1881人で、2年ぶりに前年を上回る結果となった。

874人

●男性の自殺者数は21年より807人増えて◯◯◯人、女性の自殺者数は67人増えて7135人であった。

1万4746

6
日
目

42
犯罪／自殺

女性の活躍

近年、日本では欧米諸国などと比べて女性が社会で活躍する環境が整っていないことが問題視されている。「**ジェンダーギャップ指数**」も主要7か国中最下位。**政治や経済分野で女性登用が進んでいない**ことがその背景にある。

これを受けて政府は2023年6月、「**女性活躍・男女共同参画の重点方針2023**」と**男女共同参画白書**を公表した。

関連知識

▶ 女性版骨太の方針

23年6月、政府は男女共同参画会議で、「女性活躍・男女共同参画の重点方針2023」（女性版骨太の方針）を決定。女性活躍と男女共同参画の重点方針が示された。

方針では、**東証プライム市場上場企業**について、**25年をめどに女性役員を1人以上選任**するほか、**女性役員比率を30年までに30％以上**とする目標を設定。23年時点で東証プライム上場企業全体の女性役員比率は13.4％程度で、女性役員が1人もいない企業は10.9％となっている。

そのほか、**改正配偶者暴力防止法（改正DV法）**の施行を円滑に進めるための環境整備についても盛り込まれた。

▶ 男女共同参画白書

男女共同参画社会基本法に基づいて作成している年次報告書。

23年の白書では職業観・家庭観について、新しい生活様式や働き方へと意識が変化したと指摘。その上で長時間労働などを前提とする「昭和モデル」から「**令和モデル**」への切り替えを提唱した。

「令和モデル」実現に向けては、**①男女ともに希望が満たされ、能力を最大限に発揮して仕事ができる環境の整備　②仕事と家事・育児等のバランスが取れた生活　③前提としての女性の経済的自立**、の3点が必要であるとした。

出題ポイント 出る！

	解答

次の文の◯に当てはまる言葉を入れなさい。

☑ 女性版骨太の方針・男女共同参画白書

★23年6月に発表された「女性活躍・男女共同参画の重点方針2023」（女性版骨太の方針）では、東京証券取引所のプライム市場に上場する企業で30年までに女性役員の比率を◯％以上とする目標が明記された。　**30**

●23年6月に発表された男女共同参画白書では、昭和モデルから◯への切り替えが提唱された。　**令和モデル**

☑ 近時の女性の活躍に関する動向

●23年5月、改正DV防止法が公布。裁判所による保護命令について、従来の身体的暴力と生命・身体に関する脅迫に加え、◯に対してまで拡大された。　**精神的暴力**

●世界経済フォーラム（WEF）が発表した23年版「ジェンダーギャップ報告書」において、日本のジェンダーギャップ指数ランキングは◯位で、過去最低となった。　**125**

●岸田内閣が23年9月行った内閣改造では、女性閣僚が最多タイの◯人であった。一方、副大臣・政務官は初めての「女性ゼロ」となった。　**5**

●近年、日本では女性特有の健康課題をテクノロジーで解決する商品やサービスである◯が注目されており、経産省は21年に「◯等サポートサービス実証事業費補助金」の制度を設けている。　**フェムテック**　**フェムテック**

●20年に発表された第5次男女共同参画基本計画では、第4次に続き、国会や地方議会などの議員選挙で候補者や議席の一定割合を男女に割り当てる◯制について言及している。　**クォーター**

6
日
目

43
女
性
の
活
躍

123

社会保障制度改革

基本知識

　我が国は国民皆保険・皆年金制度の開始から半世紀が過ぎ、制度の開始から<u>少子高齢化の進展</u>、雇用環境の変化、<u>貧困・格差の拡大</u>など、社会が大きく変化している。

　そして時代の変化に伴った要請に応じていくべく、各種社会保障制度の改革が行われている。

関連知識

▶ 介護保険法改正

　介護保険法は高齢者介護の現状を踏まえ、**3年ごとに改正**が行われている。

　2021年の介護保険法改正では、通いの場の充実とボランティアへのポイント制の導入、社会福祉連携推進法人の創設、**重層的支援体制整備事業**の創設が行われた。なお「要介護1と2における総合事業への移行」と「ケアプランの有料化」の2つの事項に関して、24年度の改定を見送り、27年度改定に持ち越された。

▶ 年金制度改正法

　高齢期の経済基盤充実を図るため、20年に年金制度改正法が成立し、短時間労働者の<u>被用者保険の適用拡大</u>、在職中の年金受給のあり方の見直し、受給開始時期の選択肢の拡大、確定拠出年金の加入可能要件の見直し等が行われた。なお、短時間労働者の被用者保険の適用は、22年10月には101人以上の企業、24年10月には51人以上の企業も被用者保険の対象になる。

▶ 改正高年齢者雇用安定法

　70歳までの就業機会確保法とも呼ばれ、21年に施行された。<u>65歳までの雇用を希望する従業員の雇用確保</u>が企業に義務づけられ、<u>70歳までの就業機会を確保することを努力義務</u>として企業に課した。

出題ポイント

出る！

次の文の◯◯に当てはまる言葉を入れなさい。

☑ 改正健康保険法

★23年5月、改正健康保険法が成立。出産育児一時金が引き上げられ、これまでの42万円の支給が23年4月1日の出産からは◯万円に引き上げられた。

50

●産前産後期間（4か月）における国民健康保険料を免除し、◯◯◯◯◯◯で負担すると決定した。

国・都道府県・市町村

★◯歳以上の高齢者を対象とする後期高齢者医療制度の保険料について、年金収入が24年度211万円超、25年度153万円超の人を対象に段階的引き上げが決定。対象者は後期高齢者の約4割の見込み。

75

●保険料の年間上限額も現行の66万円から80万円（25年度）に、段階的に引き上げられる見込みで、保険料上限引き上げ分は◯◯◯◯◯の財源として活用される。

出産育児一時金

●厚生労働省の試算では、年収200万円の後期高齢者の場合は◯年度から保険料の負担が増額される。

25

●医療保険制度の基盤強化のため、都道府県医療費適正化計画に記載すべき事項を充実させるとともに、都道府県ごとに◯◯◯◯◯を必置として、計画の策定・評価に関与する仕組みを導入する。

保険者協議会

●医療費の適正化に向けた新たな目標として、複合的なニーズと有する高齢者への医療・介護の効率的な提供や◯◯◯◯◯の確保が掲げられた。

かかりつけ医機能

●医療・介護の連携機能および提供体制の基盤強化のため、介護保険者が行う被保険者への医療・介護情報の収集・提供に関する事業を◯◯◯◯◯として位置づけるとした。

地域支援事業

6日目

44 社会保障制度改革

健康／医療

\基本知識/

　我が国は高齢化の進展に伴い、2035年には3人に1人は65歳以上の高齢者になる見込みだ。<u>25年</u>には65歳以上の高齢者の5人に1人のおよそ<u>**700万人**</u>が認知症患者になるとされ、対策が急務となっている。

　23年には認知症の新薬の承認や認知症基本法の制定、各種法改正などが進められた。

関連知識

▶) 22年の死亡総数と死因別死亡数

　我が国における22年の死亡総数は156万8961人で、前年の143万9856人より12万9105人増加し、**調査開始以来、増加幅が最多**となった。死因別では**悪性新生物**（腫瘍）の死亡数は38万5964人（死亡総数のうち24.6％）であり前年と同様、死因順位1位となった。2位は心疾患（同14.8％）、3位は老衰（11.4％）となった。

　なお、22年の新型コロナウイルス感染症による死亡数は4万7638人 。

▶) 改正医療法等

　21年5月、良質で適切な医療を効率的に提供する体制とする「改正医療法」が成立。内容は大きく「医師の働き方改革」「各医療関係業種の専門性の活用」「地域実情に応じた医療提供体制の確保」の3つに分かれる。なお、<u>**24年4月には医師にも時間外労働の上限規制が適用されることが決定している。**</u>

▶) 改正医薬品医療機器等法

　22年5月、感染症の流行時など緊急時に医薬品や医療機器を迅速に承認できる環境を整備するため「改正医薬品医療機器等法」が成立。

　治験（臨床試験）の途中段階においても、安全性の「確認」は前提のもと、有効性が「推定」できれば最大2年間、ワクチンや治療薬なども緊急承認することが可能になった。

出題ポイント

次の文の◯◯◯に当てはまる言葉を入れなさい。

☑ 認知症新薬の正式承認

● 厚生労働省は23年9月、日本製薬大手「エーザイ」が米国企業と共同開発したアルツハイマー病の新治療薬「◯◯◯◯◯」を正式に承認した。

レカネマブ

● 病気の原因物質である◯◯◯◯◯を取り除き症状の進行を抑える国内初の治療薬で、認知症発症前の◯◯◯◯◯、及び◯◯◯◯◯の人が対象となる。

アミロイドβ

軽度認知障害／
発症後早期段階

☑ 認知症基本法成立

● 23年6月、すべての認知症の人が自らの意思で日常生活や社会生活を営む「◯◯◯◯◯◯◯」を国民の責務とする認知症基本法が成立した。

共生社会実現への
寄与

★ 国には具体的目標や達成時期を入れた◯◯◯◯◯◯◯の策定を義務づけ、都道府県と市町村には計画策定を努力義務とした。

認知症施策推進基
本計画

☑ ゲノム医療法成立

★ ゲノム医療法が23年6月成立し、「ゲノム（遺伝子）情報の保護が十分に図られるようにするとともに、ゲノム情報による◯◯◯◯◯が行われることのないようにする」と明記した。

不当な差別

● ◯◯◯◯◯がゲノム情報を適正に管理するように指針を策定する。罰則は設けていない。

医師や研究者

☑ 経口中絶薬の製造・販売を承認

● 厚生労働省は23年4月、英国の「ラインファーマ」開発の経口中絶薬「◯◯◯◯◯」について、製造販売を国内初の経口中絶薬として承認した。

メフィーゴパック

● 対象は◯◯◯◯◯までの妊婦で、母体保護法指定医の確認の上で、服用の有無が決定される。

妊娠9週0日

外国人行政

基本知識

政府は2023年4月、「**技能実習制度**」の**廃止と新制度の創設**に向けた有識者会議を開催。技能実習生に対する扱いについては、以前から**人権侵害**などの問題が指摘されていた。

また、21年には名古屋市の入管施設内でスリランカ国籍の女性が死亡しており、入管施設内における外国人の扱い上の問題が指摘されている。

関連知識

▶ 外国人技能実習制度

外国人技能実習制度は1993年に制度化。開発途上国の若者たちが、日本で培われた技能や知識を習得し母国の発展に寄与することを目的とした、**国際貢献を理念とした制度**。実習先は農業や製造業、介護など88職種と幅広い。ただ、実際には実習生が**コストの低い労働力として扱われる**といった問題があった。

▶ 特定技能制度

特定技能とは、19年に創設された、国内の**人手不足に対応するための在留資格**。1号と2号があり、**1号は在留期間が通算5年**で、家族は帯同不可である。一方、「熟練した技能」を持つ人を対象とした**2号は、在留期間に上限がなく、家族も帯同可能**。それゆえ、特定技能2号は外国人の日本への永住につながる制度と言われる。23年6月には特定技能2号の対象が2分野から11分野に拡大される閣議決定がなされた。

▶ 国内の外国人行政の問題点

21年に名古屋市の入管施設内でスリランカ国籍の女性が死亡。入管施設内での死亡事案が絶えないことから、外国人の処遇や**出入国管理及び難民認定法（入管法）**の規定が人権侵害であるとの批判が国内外から出ている。

出題ポイント

次の文の◯に当てはまる言葉を入れなさい。

☑外国人技能実習制度の問題点

● 外国人技能実習制度には、実習生の◯が原則不可であることや母国の◯に対して高額な来日費用を払わねばならないなどの問題があった。

転籍（転職）
送り出し機関

● 実習生は、人権侵害があっても相談する場が少なく、また、多額の借金を抱えるケースが多いために失踪するケースも少なくない。本制度は米国の発表する世界の人身売買に関する報告で◯問題として扱われたこともある。

強制労働

☑有識者会議最終報告書（23年11月）

● 新たに創設される「育成就労制度（仮称）」では、◯を目的に掲げた。

人材の確保と育成

● 同一企業での就労が1年間を超えるなどの要件を満たせば、同一分野内での◯が認められるとした。

転籍

★ 在留期間を原則◯年とし、一定の知識や経験が必要な在留資格「◯」にステップアップしやすくした。

3
特定技能1号

☑改正入管難民法成立（23年6月）

★ 強制送還に関して、◯中は停止されるという現行の規定を改め、◯回目の申請以降は「相当の理由」を示さなければ強制送還できることとなった。

難民申請
3

● 国外退去するまでの間、施設ではなく入管が認める◯と呼ばれる支援者らの下で生活できる監理措置が導入された。

監理人

● 送還を妨げる行為を対象にした罰則つきの◯制度や、紛争から逃れた人らを難民に準じて保護する◯制度を創設した。

退去命令
補完的保護対象者

47 ★★

災害

基本知識

2024年元旦、**石川県能登半島**で震度7、マグニチュード7.6(推定)の大地震が発生。同地域では記録が残る1885年以降で最大の規模。我が国は自然的条件から災害が起きやすい特性を有し、政府及び各自治体は、今後発生が危惧される**南海トラフ地震**や**首都直下型地震**、富士山噴火などの各種大規模災害の対策を進めている。

関連知識

▶ 気象災害

大雨、強風、雷などの気象現象によって生じる災害のこと。**世界気象機関（WMO）**は22年における被害の大きかった気象災害に、**パキスタンの大洪水**やアフリカ東部の干ばつ、欧州の記録的熱波を挙げている。

また22年の年次報告書では、**過去8年間の世界の平均気温が観測史上最高**を記録したことが発表された。

▶ 線状降水帯

積乱雲群が数時間にわたって同じ区域を通過または停滞することで作りだされる長さ50〜300km、幅20〜50km程度の線状に伸びた強い降水を伴う雨域のこと。気象庁は21年より**3時間降水量の最大値が150mm以上**などのときに「**顕著な大雨に関する気象情報**」を発表している。23年5月には情報発表を現状より**最大30分早める**と発表し、運用を開始している。

▶ 長周期地震動

大きな地震の際に生じる、周期が長いゆっくりとした大きな揺れのこと。

気象庁は23年2月、長周期地震動の予測を、緊急地震速報の発表基準として追加した。4段階ある長周期地震動階級のうち、**3以上の階級**が予測される地域が発表対象となる。

出る！

出題ポイント

次の文の◯◯に当てはまる言葉を入れなさい。

☑ 令和6年能登半島地震（24年1月）

★24年1月、石川県能登半島を震源とする最大震度 ◯◯（志賀町）、マグニチュード◯◯（推定）の地震 が発生した。震源の深さは約16キロで、この地域 では記録が残る1885年以降で最大の規模。

7/7.6

●政府は能登半島地震を◯◯◯◯に指定し、自治体 が行う復旧事業に対する国庫補助率を引き上げるこ とに決めた。

激甚災害

●震源に近い北陸電力◯◯◯原発では外部電源の一部 を喪失したが、原子力規制委員会は「大きな異常は なし」としている（24年1月5日現在）。

志賀

★能登半島では20年12月から「◯◯◯◯」が発生し ており、23年5月には珠洲市で震度6強を観測して いた。今回の地震はこの影響で断層の破壊が起きた ためと指摘されている。

群発地震

★政府は24年1月、能登半島地震の復旧・復興に充て るため、2024年度予算案の◯◯費を、5000億円 から1兆円に倍増させることを決定した。

予備

☑ 防災分野個人情報の取扱いに関する指針

★23年3月に災害時の個人情報利活用を目指す指針 を国が策定。安否不明者の氏名公表に対し、家族の ◯◯◯◯で公表できることを定めた。死者は個人 情報の定義の範囲外であることから対象外。

同意なし

☑ トルコ・シリア地震（23年2月）

★トルコ南部からシリア北部にかけてマグニチュード 7.8と7.5の地震が発生。震源は◯◯◯◯の内陸。

トルコ南部

●死者はトルコで◯◯◯◯人、シリアでおよそ6000 人。東日本大震災の死者の2倍超に上った。

5万783

48 ★✓

環　境

基本知識

　　地球環境問題の主要なテーマとして、**地球温暖化と生物多様性**の損失、**プラスチックごみ**があげられる。
　　中でも温暖化と生物多様性は相互に影響し合う関係にあり、一体的に解決を進めていく必要がある。そのため、**締約国会議（COP）**などの国際会議を通じ、世界が一丸となって目標や方針を定め、環境対策を進めている。

関連知識

▶ 生物多様性

　生態系や種、遺伝子の多様性が確保され、さまざまな生物が存在している状態。生物多様性を確保するため1992年に**生物多様性条約**が国連で採択され、採択以降は批准国による生物多様性条約締約会議が開催されている。

　2022年にカナダで開催された**COP15**では、30年までに陸と海の30%以上を保護区とする「**30by30目標**」が定められた。

▶ パリ協定

　94年発効の**気候変動枠組み条約**に基づき、15年にフランスで開催された**COP21**にて採択された、20年以降の温暖化対策を定めた国際的ルール。

　途上国も含めたすべての国が温室効果ガスの排出削減目標を国連に提出する義務を負う。産業革命前からの世界平均気温上昇を**2℃より十分低く保ち、1.5℃以内に抑える努力をする**という共通目標が掲げられた。

国名		削減目標
中国	2030年までに	GDP当たりのCO$_2$排出を65%以上削減（2005年比）
EU	2030年までに	温室効果ガス排出量を55%以上削減（1990年比）
インド	2030年までに	GDP当たりのCO$_2$排出を45%削減（2005年比）
日本	2030年度において	46%削減（2013年比）
ロシア	2030年までに	30%削減（1990年比）
米国	2030年までに	温室効果ガス排出量を50〜52%削減（2005年比）

出典：JCCCAホームページ

出題ポイント

	解答

次の文の◯に当てはまる言葉を入れなさい。

☑ G7気候・エネルギー・環境大臣会合

★23年4月、◯市でG7気候・エネルギー・環境
大臣会合が開催された。温暖化ガスの排出削減につ
き、35年までに◯とする目標が
共同声明に盛り込まれた。

札幌

19年比で60%減

●国連の「気候変動に関する政府間パネル（IPCC）」は、
35年の温暖化ガスの排出量を19年比で◯%減ら
す必要があると示しており、これに準拠する形とな
った。

60

★車から出るCO_2排出量に関し、ネットゼロ達成への
中間点として35年までに◯させ
る目標が掲げられた。進捗は年単位で管理する。

2000年比で半減

●19年開催のG20大阪サミットにて採択された大阪
ブルー・オーシャン・ビジョンを◯年前倒しし、
◯年までに追加的なプラスチック汚染をゼロにす
る野心に合意した。

10

40

●生物多様性保全を主流化させるため、ネイチャーポ
ジティブ経済に関するネットワークの構築の場とし
て「◯」が設立された。

**G7ネイチャーポジ
ティブ経済アライア
ンス**

☑ SDGサミット開催

●23年9月、国連本部にて30年までの達成を目指す
国際目標SDGsに関する首脳級会合「◯」
を4年ぶりに開催した。

SDGサミット

●政治宣言では、約140のSDGs小目標のうち順調に
進んでいるのは◯であるとし、「SDGsの達
成は危機に直面している」と警鐘を鳴らした。

約15%

●国連グテーレス事務総長は、SDGsの達成のために
は少なくとも年間◯億ドルのSDG刺激策
など、国際的な救済計画が必要とした。

5000

教育

基本知識

　現在の学校教育における課題を解決するため2021年に**「令和の日本型学校教育の構築を目指して（答申）」**が決定された。

　情報化の進展に関する対応の遅れ、子供たちの多様化、教師の長時間労働等の課題が掲げられ、現在、政府や自治体による対策が進められている。

関連知識

▶GIGAスクール構想

　19年に開始された児童・生徒**1人に1台の端末**と高速通信環境を整備する取り組み。21年3月末時点で97.6％の自治体にて端末の納品が完了している。文部科学省は21年度をGIGAスクール元年と定めている。

　24年度から小学校で使われる検定教科書については、**全11教科149冊全点**に動画や音声にアクセスできる、QRコードの掲載が決定している。

▶インクルーシブ教育

　国籍や人種、宗教、性別、経済状況、障害の有無にかかわらず、多様な子供たちを受け入れる教育のこと。人間の多様性の尊重等の強化、障害者の精神的及び身体的な能力等の発達、社会参加を可能とする目的で行われる。

　日本では10年に文部科学省がインクルーシブ教育理念の方向性を示し、本格的なシステム構築が始まった。

▶教員の働き方改革

　20年には教師の業務負担軽減のため**部活動改革**が決定。部活動は必ずしも教師が担う必要のない業務という認識を明確にし、休日に教師が部活動に携わる必要がない環境を目指している。22年には**教員免許法**が改正され、教員免許に10年の期限を設ける教員と**免許更新制が廃止**された。

出題ポイント

次の文の◯◯◯に当てはまる言葉を入れなさい。

☑第4期教育振興基本計画が閣議決定

● 23年6月に「（　　　　　）の創り手の育成」「日本
社会に根差した（　　　　　）の向上」のコンセプ
トで、第4期教育振興基本計画が閣議決定された。

持続可能な社会

ウェルビーイング

● 基本方針は「①グローバル社会の持続的発展に向け
学び続ける人材の育成」「②誰一人取り残されず可
能性を引き出す（　　　　　）の実現に向けた教育の推
進」「③地域や家庭で学び支え合う社会の実現に向
けた教育の推進」「④（　　　　　）の推進」、「⑤計画
実効性確保のための整備」の5つが掲げられている。

共生社会

教育DX

★ インクルーシブ教育を推進していくとともに、不登
校の子に柔軟な教育を展開する「（　　　　　　）」
を全国に300校設けることも目標に掲げられた。

不登校特例校

☑学校教育における生成AI活用指針

● 文科省は23年7月、学校で生成AIを使う際の留意点
をまとめたガイドラインを公表。
生成AIは（　　　　　）であり、利便性は高いが個人
情報流出などさまざまな懸念があると指摘している。

発展途上の技術

● 生成AIにすべてを委ねるのではなく、自分の判断や
考えが重要であることを強調。とくに（　　　　　）
で利用することには慎重な対応が必要とした。

小学校段階

☑教員勤務実態調査（22年度実施）の公表

● 月45時間以上の時間外労働をしていた教諭の割合
は、前回調査（16年）と比べ小学校は81.8％から
64.5％、中学校は89％から（　　　）％へ減少した。

77.1

● （　　　　）ライン（月80時間）に達する教諭の割合は、
前年度と比べ小学校は33.4％から14.2％、中学校
で57.7％から36.6％へ減少した。

過労死

文化

基本知識

2023年10月、将棋の<u>藤井聡太</u>氏が将棋界初となる八大タイトル全冠制覇を達成。映画界では、<u>濱口竜介</u>監督の『悪は存在しない』がベネチア国際映画祭で審査員大賞（銀獅子賞）を受賞。濱口監督は**カンヌ**、**ベルリン**、**ベネチア**の3大映画祭すべてのコンペティション部門で受賞した。日本人監督では<u>黒澤明</u>監督以来の快挙。

関連知識

▶ 将棋、囲碁で若手の活躍

23年10月、将棋の**藤井聡太七冠**が永瀬拓矢王座に挑戦し、「王座」を獲得。21歳で**将棋界初となる八大タイトル全冠制覇**を達成。

藤井八冠は16年に史上最年少でプロ入りし、20年には初タイトルの棋聖を奪取。23年6月に名人位を獲得し、**羽生善治九段**（1996年）以来、史上2人目の七冠も最年少で達成した。

また、囲碁では**仲邑菫三段**が13歳で最年少タイトルホルダーになったほか、**藤田怜央初段**が9歳でプロ初勝利、と最年少記録を打ち立てた。

▶ 3大映画祭で日本人の受賞が相次ぐ

23年9月、**ベネチア国際映画祭**で**濱口竜介**監督の**『悪は存在しない』**が**審査員大賞（銀獅子賞）**を受賞。山村を舞台にグランピング施設の建設をめぐる人と自然の姿を描いた作品。濱口監督が脚本も書き下ろした。

濱口監督は21年に『偶然と想像』が**ベルリン国際映画祭で審査員グランプリ（銀熊賞）**、**『ドライブ・マイ・カー』**が**カンヌ国際映画祭で脚本賞**を受賞しており、**世界3大映画祭制覇**という快挙を成し遂げた。

23年5月、**カンヌ国際映画祭**で、ドイツの巨匠ビム・ベンダース監督の日本映画『パーフェクト・デイズ』に主演した**役所広司**氏が**男優賞**を獲得。04年に『誰も知らない』で受賞した**柳楽優弥**氏に次いで2人目。また、同映画祭で『怪物』（是枝裕和監督）の脚本家、坂元裕二氏が脚本賞を受賞した。

次の文の◯◯◯に当てはまる言葉を入れなさい。

☑ 映画界の動向

★ベネチア国際映画祭で◯◯◯◯◯監督の『悪は存在
しない』が審査員大賞（銀獅子賞）を受賞した。

★カンヌ国際映画祭で、ドイツの巨匠ビム・ベンダー
ス監督の日本映画『パーフェクト・デイズ』に主演
した◯◯◯◯◯氏が男優賞を受賞した。

●カンヌ国際映画祭で、『怪物』（是枝裕和監督）の脚
本家◯◯◯◯◯氏が脚本賞を受賞した。

☑ 文学界の動向

●23年10月、ノルウェーの劇作家、◯◯◯◯◯氏
がノーベル文学賞に選ばれた。氏の作品は世界中で
上演され、詩のような短いせりふが特徴。

●23年3月、戦後民主主義世代の旗手として活躍した
ノーベル文学賞作家◯◯◯◯◯氏が死去した。

●23年上半期の芥川賞は市川沙央氏の『◯◯◯◯◯』
が受賞した。

●23年上半期の直木賞には、◯◯◯◯◯、永井紗耶
子の両氏が選ばれた。

☑ 日本の文化財に関する動向

●23年の世界文化遺産候補に、日本からはユネスコ
（国連教育科学文化機関）に推薦しないと発表。推
薦希望があった◯◯◯◯◯と◯◯◯◯◯◯◯◯
の2件についてさらなる検討が必要とした。

●23年9月、ユネスコの諮問機関である国際記念物遺
跡会議（イコモス）は東京・明治神宮外苑の再開発
計画の撤回などを求め、緊急要請である
◯◯◯◯◯◯◯◯◯を公表した。

>>>> 51 ★♪

文化・スポーツ

スポーツ

基本知識

　　2023年は新型コロナウイルス感染拡大に伴う入国制限や行動制限の緩和が進む中、スポーツの主要な国際大会が世界各地で開催された。

　　主な国際大会としては**WBC**、**ラグビーW杯**、**サッカー女子W杯**、**世界陸上競技選手権大会**があり、日本人選手が大健闘した。

関連知識

▶ FIFA女子W杯2023（オーストラリア・ニュージーランド開催）

　FIFA女子W杯2023では、**スペイン**が初優勝を決め、ドイツに続き男女のワールドカップを制した2つ目のチームとなった。池田太監督が率いる**なでしこジャパン**は**ベスト8**で大会を終えた。

▶ ラグビーW杯2023（フランス開催）

　ラグビーW杯2023で、**南アフリカ**がニュージーランドに勝ち、単独最多となる2大会連続4回目の優勝を果たした。

　日本はイングランドとアルゼンチンに負け、**1次リーグで敗退**した。

▶ W杯バレー2023（日本開催）

　W杯バレー2023で、ホスト国の男子日本チーム「**龍神NIPPON**」は第3戦から第6戦まで4試合連続で勝利。優勝した米国に次ぐ2位となり、パリ五輪出場権を獲得。**女子は3位**で五輪出場権を獲得できなかった。

▶ バスケットボールW杯2023

　バスケットボールW杯2023で、日本男子チームはW杯で初の3勝を挙げ**19位**と、アジア勢最上位で、**パリ五輪出場権を獲得**。自力出場はモントリオール五輪以来48年ぶり。優勝はドイツ。

出題ポイント

次の文の◯◯に当てはまる言葉を入れなさい。

☑ 野球界の出来事

- ●23年3月、米国フロリダ州マイアミで開催された WBC（ワールド・ベースボール・クラシック）決勝で、日本代表の「侍ジャパン」が前回王者の米国を破り3大会ぶり◯回目の優勝を飾った。MVPには◯◯◯◯選手が選ばれた。日本人としては第1回及び第2回大会の◯◯◯◯選手以来。

3
大谷翔平
松坂大輔

- ★23年11月、エンゼルスの大谷翔平が日本人初の◯◯◯王に続き、ア・リーグ◯◯◯に満票で選ばれた。21年に続く2度目の受賞は日本人初で、2度目の満票選出は大リーグ史上初の快挙である。

本塁打／MVP

- ●23年8月、第105回全国高等学校野球選手権記念大会が開催。決勝では◯◯◯◯高校（神奈川）が仙台育英高校（宮城）を破り、◯◯年ぶり2回目の優勝を果たした。

慶應義塾
107

- ●23年9月、◯◯◯◯◯◯◯は18年ぶり6度目のセ・リーグ優勝を果たし、続く日本シリーズでもオリックス・バファローズを破って◯◯年ぶり2度目の日本一に輝いた。

阪神タイガース
38

☑ その他のスポーツ選手の活躍

- ★23年8月、ブダペストにて世界陸上2023が開催。女子やり投げで◯◯◯◯選手がフィールド日本人女子初の金メダルを獲得した。

北口榛花

- ●同大会ではほかに、男子35km競歩の川野将虎選手が◯メダルを獲得したが、男子400mリレーでは日本は5位となった。

銅

- ●政府は23年3月、車いすテニスで4大大会とすべてのパラリンピックを制する「◯◯◯◯◯◯◯◯◯◯」を達成した◯◯◯◯選手に国民栄誉賞を授与した。

生涯ゴールデンスラム
国枝慎吾

6
日
目

51
スポーツ

白書のまとめ

経済財政白書

基本知識

> 日本経済は輸入価格の上昇をきっかけに<u>**物価が上昇**</u>し、春闘で<u>**高い水準の賃上げ**</u>が実現したことで、デフレ脱却に向けたチャンスが訪れている。長く続いたデフレマインドを払拭し、物価と賃金を持続的に上昇させる取り組みが求められる。家計の所得向上と少子化の反転に向けた対策が必要。企業の収益性向上には<u>**無形資産投資**</u>が課題となる。

ポイント

▶ マクロ経済の動向

ウィズコロナからコロナ禍後に向けた感染症への財政・金融政策対応の変化、半導体市況の悪化、**世界的な物価上昇**下での**急速な金融引締め**の進展等、内外の経済環境が大きく変化するマクロ経済。物価の基調は未だ十分強いとは言えないものの、企業の価格設定行動には変化が見られ始めている。

▶ 家計の所得向上と少子化傾向の反転の実現

所得や金融資産に比して低水準だった**消費は徐々に改善**している。労働者の<u>**学び直し**</u>により、労働生産性向上を伴う実質賃金の上昇、追加的な就業希望の実現、資産所得引き上げ等により、家計の所得向上を実現する。経済社会の長期的な縮小を回避するためにも、少子化対策として住宅・教育費等の負担軽減、男性育休の促進等「共働き・共育て」の環境整備が重要である。

▶ 企業の収益向上の課題

今後の中長期的な課題として、企業再編などにかかる生産性向上や、**研究開発投資**や**人への投資**をはじめとした**無形資産投資**が、企業の価格設定力の向上につながる収益性改善の鍵であり、企業の投資や賃上げ余力を高め、経済の好循環につながる。また、輸出を実施するか否かは収益性の大きな差の要因となる。とくに中小企業の輸出開始〜中期における金融機関の公的支援機関のサポートが重要と考えられる。

厚生労働白書

基本知識

　2023年版厚生労働白書は、ポストコロナの令和時代において、人々がつながりを持ちながら安心して生活を送ることができる「地域共生社会」の実現をテーマとした。

　孤立した高齢者世帯やひきこもり、ひとり親世帯といった支援が届きづらい人たちへの対応には、**制度をまたいだ包括的な支援体制の構築**が必要だと指摘している。

ポイント

▶ 社会保障を取り巻く環境と人々の意識の変化

　1990年からの30年間で、全世帯中、**単身世帯やひとり親世帯**が占める割合がおよそ1.6倍の**47.1％**に増加した。形式的なつきあいを望む人が増え、**人間関係が希薄化**する中、孤独・孤立の問題も顕在化している。

　新型コロナ感染症の影響による交流の希薄化等を背景に、制度のはざまにある課題（**ひきこもり**や**ヤングケアラー**等）が顕在化した。新たな「**地域共生社会**」を実現するためには、制度から人を見るのではなく、「その人の生活を支えるために何が必要か」という観点が大切となる。

▶ つながり・支え合いのある地域共生社会

　関係機関ネットワークを構築し、多様な新しいチャネルを通して、すべての人に**包摂的（インクルーシブ）**な「つながり・支え合い」を創出する。

　世代や属性を超えて様々な人が交差する「**居場所**」や、暮らしの基盤である「住まい」を作る支援をする。**制度をまたいで包括的に支援できる体制の構築**とともに、本人からの申請を待つ「受動型」から**申請を待たない「能動型」支援（アウトリーチ）**に転換していく。

　デジタル空間を活用し、時間や空間を超えた新たな「つながり・支え合い」を創造し、自宅にいながら支援や交流をし、ライフスタイルや興味・関心、得意分野をいかし、誰もが参画できる「支え合い」を促進する。

白書

労働経済白書

基本知識

> 「**持続的な賃上げに向けて**」をテーマに雇用情勢や賃金等の動きをまとめた。日本の1人あたりの労働生産性は1996年以降ほぼ横ばいで、賃金も25年間でほとんど伸びていない。
> 2近時は、円安の進行等に伴う**物価上昇により実質賃金は減少**しており、さらなる賃金上昇が望まれる。

ポイント

▶ 我が国の雇用情勢

経済社会活動が徐々に活発化する中、雇用情勢は持ち直し、**女性の正規雇用者数が堅調に増加**した。

人手不足感はコロナ前の水準まで戻りつつあり、宿泊業、飲食サービス業、生活関連サービス業、娯楽業は減少から増加に転じた。「より良い条件の仕事を探す」との理由で**転職者数は3年ぶりに増加**し、303万人となった。

▶ 賃金上昇のために必要なこと

90年代後半以降、1人あたりの名目賃金が伸び悩んだのは、①名目生産性が他国と比べ伸び悩み、②**パートタイム労働者の増加**等により1人あたりの労働時間が減少し、③労働分配率が低下傾向にあったことが原因。賃上げの波及には**非正規の処遇改善**が重要になる。この点、**同一労働同一賃金**の施行は、正規と非正規雇用との時給差を10％程度縮小させる効果があったと指摘。**最低賃金引上げ**はパートタイム労働者にも効果が及ぶと指摘した。

価格転嫁ができている企業ほど賃上げする傾向があり、企業が原材料費の高騰などのコスト上昇分を適切に価格転嫁し、社会全体で賃上げを行いやすい風潮や環境を整えていくことが重要。

また、年収200万円未満の20代男性が結婚する割合は1割程度で、**少子化克服**のためにも若年層を中心に賃金を引き上げていくことが重要。

外交青書

基本知識

> ウクライナ侵攻という歴史の転換期に直面し、日本周辺の安全保障環境は戦後もっとも厳しく複雑な安全保障に直面している。とりわけ中国による<u>尖閣諸島</u>周辺等、<u>東シナ海</u>、<u>南シナ海</u>などでの力による一方的な現状変更の試みや、<u>台湾海峡</u>の平和への懸念、北朝鮮の度重なる弾道ミサイル発射などの問題があることを指摘した。

ポイント

▶ 歴史の転換期

冷戦後、世界は経済のグローバル化と相互依存が高まったが、途上国と先進国との格差、先進国内での格差の拡大などの問題が生じ、政治・社会的分断を招いている。新興国の台頭で国際社会のパワーバランスが変化し、一部の国家は軍事力を強化し、国際秩序に対する挑戦的姿勢を強めている。

▶ 経済安全保障の問題

5G、AI、IoT、量子技術などの技術革新による国家の競争力や軍事力強化が問題となっている。また、新型コロナやウクライナ危機で世界の**サプライチェーン（供給網）の脆弱性**が顕著になった。

南半球を中心とした**グローバル・サウス**について初めて言及し、価値観や利害を超えた包括的なアプローチによる連携が重要であるとした。

▶ 各国への外交対応

2023年、日本はG7議長国であり、**法の支配**に基づく国際秩序を遵守する。

自由で開かれたインド太平洋（FOIP）の実現に向け、日米豪印、東南アジア諸国連合（ASEAN）、欧州、中南米、大洋州と連携する。

デジタル分野で「**信頼性ある自由なデータ流通**（DFFT）」を推進し、国際的なルールに基づく自由で公正な経済秩序を拡大する。

白書

環境・循環型社会・生物多様性白書

基本知識

2023年版の環境・循環型社会・生物多様性白書は、「ネットゼロ、循環経済、ネイチャーポジティブ経済の統合的な実現に向けて」「炭素中立・循環経済・自然再興の3つの同時達成により、将来にわたって質の高い生活をもたらす持続可能な新たな成長につなげる」と、環境・経済・社会の統合的向上を訴えた。

ポイント

▶ 気候変動の危機的状況

国連環境計画（UNEP）によると、現行では今世紀の気温上昇は産業革命前比で**2.8度**となると考えられ、国際枠組み「**パリ協定**」で掲げる「**産業革命前からの気温上昇を1.5度以内**にする」目標の実現にはさらに対策が必要だ。20年の人為起源の温室効果ガスの総排出量は約540億トンであり、**ネットゼロ（炭素中立）**の実行可能性が危ぶまれている。

22年、エジプトで「国連気候変動枠組条約第27回締約国会議（COP27）」が開催され「**シャルム・エル・シェイク実施計画**」が決定し、全締約国の気候変動対策の強化が求められた。

▶ 持続可能な経済社会システムの実現

23年、日本が議長国となり、札幌で「**G7札幌気候・エネルギー・環境大臣会合**」が開催された。脱炭素、**ネイチャーポジティブ（自然再興）**、**サーキュラーエコノミー（循環経済）**の推進、気候変動・生物多様性の損失による経済への影響・汚染への対処や、安全性・エネルギー安全保障・経済効率性と環境の同時実現、排出削減と経済成長の両立を目指す。

22年のロシアによるウクライナ侵攻により、世界のエネルギー情勢が一変した。日本は30年までを「勝負の10年」とし、**グリーントランスフォーメーション（GX）**により、経済社会の構造をより強靭で持続可能なものにする。

文部科学白書

基本知識

　2023年公表の文部科学白書は「**令和の日本型学校教育を担う教師の育成**」及び「**大学・専門学校の機能強化と学び直しの促進による人材育成**」を特集した。

　すべての子供たちの可能性を引き出す、個別最適な学びと協働的な学びの実現を目指す。

ポイント

▶令和の日本型学校教育を担う教師の養成

「個別最適な学び」「協働的な学び」「主体・対話的で深い学び」の実現に向け授業を改善する。それには**ICT（情報通信技術）の活用**と**少人数学級**を「**令和の日本型教育**」の両輪とする。生徒指導を個別最適化するためにICTや情報・教育データを利活用し、「特別な配慮や支援を必要とする子供への対応」「学習指導」「生徒指導」を効果的に行う。

　民間企業の就職活動時期を意識し、**教員採用選考試験実施の早期化、複線化**を検討する。教師の学び直しを支援する仕組みの構築、**教員免許更新制の発展的解消**による「教師不足」の解消、教員研修の高度化、質の高い教職員集団の形成、学校における働き方改革を推進し、教師の環境整備を進める。

▶大学・高等専門学校の機能強化と学び直しの促進

　日本は理工系の割合が低く**IT人材の不足**や、女性の理工系分野の入学者が7％とOECD加盟国平均の15％よりも低いことなどが問題となっている。

　また、人生100年時代を迎え、社会人の学び直しの費用や時間面の負担軽減等「**リカレント教育（学び直し）**」の促進も必要である。20年度より運用している社会人の学びに役立つ情報提供サイト「**マナパス**」は、24年度に厚生労働省の「**マイジョブ・カード**」とシステム連携を開始し、キャリア形成における学修歴の活用促進にも取り組み、利便性向上を目指す。

白書

防衛白書

基本知識

2022年に政府が国家安全保障戦略など**安保関連3文書**を閣議決定した後、初の白書として、3文書を解説する章を新設。「侵攻を抑止する鍵」として**反撃能力（敵基地攻撃能力）**の保有を決めたことや、23〜27年度の防衛費をこれまでの1.5倍超の約43兆円に増やし、防衛力を抜本的に強化することなどを紹介した。

ポイント

▶ 国際社会の戦後最大の試練と安全保障環境

ロシアによるウクライナ侵攻は、国際法の深刻な違反。ロシアと周辺国とのパワーバランスが変化し、ロシアは米国への対抗上、中国との連携を深化。こうした動きは国際情勢にも影響し、国家間競争が顕在化している。

米国は22年10月に「国家安全保障戦略」「国家防衛戦略」を発表。中国を「対応を絶えず迫ってくる挑戦」、ロシアを「差し迫った脅威」、北朝鮮を「持続的脅威」と位置づけた。互恵的な同盟及びパートナーシップを国家防衛戦略の重心とし、「**自由で開かれたインド太平洋（FOIP）**」を推進する姿勢を示した。

中国の活動は尖閣諸島周辺をはじめ東シナ海、日本海、西太平洋などで活発化しており、中国の軍事動向は深刻な懸念事項であり、「**これまでにない最大の戦略的な挑戦**」と位置づけた。中国は軍事力の質・量を広範かつ急速に強化し、35年までに1500発の核弾頭を保有する可能性がある。我が国の総合的な国力と同盟国・同志国等との協力・連携により対応すべきとした。

▶ 我が国の安全保障と防衛政策

22年12月、**国家安全保障戦略**、**国家防衛戦略**、**防衛力整備計画**を策定、戦後の防衛政策の大転換点となった。これまでにない予算規模で27年度において予算水準が**GDP2%**に達する措置をし、防衛力を抜本的に強化する。

通商白書

基本知識

> 　分断の危機に直面し、減速感を強める世界経済の機能回復を目指す。供給サイドを強化し、自由で公正な貿易秩序と<u>経済安全保障</u>を両立する。持続可能で包摂的な経済成長及び発展を確保し、**グローバル・バリューチェーン**（国境を越えた資材の調達や生産、サービス活動）を強靭化し、グローバルな成長を取り込むことを目指す。

ポイント

▶ 世界経済の現状と機能回復に向けた課題

　ロシアのウクライナ侵攻による不確実性、供給不足によるインフレ等で世界経済が減速。エネルギー安保や食料安保にも影響を及ぼしている。

　グローバル・サウスは先進国の金融引締めにより通貨価値が下落し、債務リスクが上昇する中、中立を維持することで自国利益を保全している。

　貿易開放度が高いほど全要素生産性（TFP）も高い。自由・民主主義・人権・法の支配といった基本的価値を尊重する、世銀のガバナンス評価が高い国との貿易のほうが、不確実性が高まる中での貿易損失効果は小さい。

　日本はルールベースの国際貿易秩序を再構築しつつ、信頼可能なサプライチェーンを構築し、グローバル・サウスとの連携強化にも取り組む。

▶ グローバル・バリューチェーン（GVC）の強靭化と成長力の強化

　中国に対する地政学的リスクや経済安全保障上のリスクが高まっている懸念から、取引先として**ASEAN・インド**を重視する国内企業が増加。

　サプライチェーン（供給網）はコロナ禍で脆弱性が露呈。サプライチェーン強化に向け、戦略的在庫の積み増し、調達・生産・販売拠点の分散化、もしくは国内調達・生産・販売の強化、設備投資等による生産性の向上などの必要性が認識されている。とくに半導体等の重要物資は、国内製造拠点の強化、有志国間の連携強化が必要である。

白書

7日目

模擬テスト

模擬テスト ❶ 短文問題

No.1 2023年5月に行われた第49回主要7か国首脳会議（G7広島サミット2023）の声明に関する記述として妥当なのはどれか。

① 法の支配に基づく自由で開かれた国際秩序を維持・強化し、平和的に確立された領土を武力または強制力によって変更する、あらゆる一方的な試みに強く反対するとした。

② 中国の経済的威圧に対抗するため、パートナーシップの多様化・深化と、切り離し（デカップリング）に基づく経済の強靱性と経済安全保障へのアプローチを調整するとした。

③ 生成AIをめぐっては「安全なAI」という共通のビジョンと目標を達成するため、包括的なAIのガバナンスと相互運用性に関する国際的な議論を始めると明記した。

④ 30年までに太陽光発電を現在の7倍の150ギガワット、洋上風力発電を現在の3倍の1テラワット以上増やす目標を掲げた。

⑤ G7広島サミットの声明の中で、性自認や性的指向に関しての言及はなかった。

No.2 2023年9月に行われたG20ニューデリーサミット（G20首脳会合）に関する記述として妥当なのはどれか。

① ロシアのプーチン大統領とインドのモディ首相が欠席し、初日に首脳宣言が採択されるなど異例の展開となった。

② 首脳宣言では、ウクライナ情勢について、ロシアを名指しした上で「すべての国は領土獲得のための武力による威嚇や行使を控えなければならない」という文言が盛り込まれた。

③ ウクライナでの戦争による食料・エネルギー安全保障やサプライチェーンに対する悪影響が強調されたが、人工知能に関する文言は盛り込まれなかった。

④ インドが提案していたアフリカ連合の正式加盟が認められるなどグローバル・サウスへの配慮も強調された。

⑤ アフリカなど途上国の債務問題についての文言は盛り込まれなかった。

No.3　NATO（北大西洋条約機構）に関する次の記述のうち、妥当なものの組み合わせはどれか。

ア　2023年４月にフィンランドがNATOに正式加盟した。

イ　23年７月にウクライナがNATOに正式加盟した。

ウ　対中国を念頭に置いて、東京にNATOの連絡事務所を設置する方向で検討されていたが、イタリアがこれに反対した。

エ　スウェーデンは、国内でイスラム教の聖典コーランが燃やされた事件で加盟国のトルコが難色を示し、一度正式加盟が延期された。

①ア、ウ　②ア、エ　③イ、ウ　④イ、エ　⑤ウ、エ

No.4　EU（欧州連合）諸国に関する記述について、妥当なのはどれか。

① EUは2023年４月、「欧州半導体法」に合意。30年までに半導体製造の世界シェアを50％に倍増させる。

② EUは23年７月、首脳会議で「南シナ海における緊張の高まりを懸念する」と初めて盛り込んだ文書を採択した。

③ ドイツの国家安全保障戦略では、中国を体制上のライバルとはせず、サプライチェーンでの依存低減を盛り込んだ。

④ 23年９月、スロバキアで、隣国ウクライナへの軍事支援停止やロシア制裁反対を訴えた、フィツォ元首相率いる中道左派野党「スメル（道標）」が第１党となった。

⑤ 23年10月、ポーランドで総選挙が行われ、保守系与党「市民連立」が過半数を割った。一方、トゥスク元首相率いる親EUの「法と正義（PiS）」など野党勢力が過半数を獲得したことで、政権交代となった。

No.5　近年の世界経済情勢に関する記述として妥当なものはどれか。

① エネルギーや食料価格の高騰により「グローバル・ノース」と呼ばれる北半球を中心とした先進各国は、輸入品を買うための外貨が不足するなど過剰な債務問題を抱えている。

② 欧米諸国では2022年に入り生産者物価指数が上昇を続け、月ベースでアメリカでは8％台、欧州では10-11％台の上昇率を記録した。

③ IMF（国際通貨基金）によると22年の世界経済の実質GDP成長率は対前年比で6.8％のプラス成長となり、21年の6.3％に比べて大きな成長となった。

④ 米国では、利上げによる債券価格の下落が経営の悪化を招くなどして、23年3月にシリコンバレー銀行が破綻した。

⑤ IMFによると、名目GDPで21年に英国を抜いて世界5位となったシンガポールは、26年に日本を、27年にはドイツを抜いて米中に次ぐ世界3位の経済大国になる見通し。

No.6　近年の我が国における国内経済情勢に関する記述として妥当なものはどれか。

① 2022年度は個人消費や企業の設備投資の増加により内需は持ち直したが、実質GDPは前年比1.4％のマイナス成長となった。

② 米国の利上げ政策により日米の金利差が拡大し、急激な円高ドル安が進行、輸入物価の上昇は国内物価の高騰を招いた。

③ ユーロ圏や英国でデフレ対策として利上げ政策が実施され、対ユーロやポンドでも円高となった。

④ コロナ禍では需要の大幅な拡大から、先進諸国の需給ギャップはプラス幅が拡大した。

⑤ 23年4-6月期には名目GDPと実質GDPともに過去最大を記録するなど、緩やかな回復が続いている。

No.7 経済安全保障に関する記述として妥当なものはどれか。

① 2023年3月、政府は外国為替及び外国貿易法に基づく「コア業種」に半導体や天然ガスなど9分野を追加したが、22年に成立した経済安全保障推進法に基づく重要物資のうち蓄電池は含まれなかった。

② 23年4月、第4次海洋基本計画が閣議決定され、経済安全保障面では全自動で水中を航行する自律型無人探査機（AUV）などの先端技術育成を促す方針が示された。

③ 23年9月、農林水産省は農地を取得する際の申請項目に「使用目的」を追加することを決定した。

④ 23年6月、米国と英国の両国は経済分野の協力強化を盛り込む大西洋宣言を発表し、中国と北朝鮮を名指しで「権威主義国家」としつつ「新たな挑戦を受けている」と批判した。

⑤ 23年5月、IPEF閣僚会合にてロシアへの対抗陣営づくりの一歩としたサプライチェーン強化に向け、相互協力する世界初の多国間協定を結ぶことで実質合意をした。

No.8 2023年1月に米国ワシントンにて行われた日米首脳会談に関する記述として、妥当なものはどれか。

① 共同声明では近年の北朝鮮のミサイル発射行動に対する非難が盛り込まれたが、国際情勢への影響を考慮し、ロシアへの非難は盛り込まれなかった。

② 反撃能力の要として、日本は米国製巡航ミサイル「SSC8」の導入を決定した。

③ 日本が主導する、自由で開かれたインド太平洋実現に向けた連携の強化については決定先送りとなった。

④ 経済安全保障の分野では、サプライチェーンの強靱化や、半導体やバイオ、量子、AIといった重要技術の育成・保護での協力を確認。また、宇宙分野での日米の協力を推進していくことが決定した。

⑤ 北朝鮮の完全な非核化に向けて団結し、前提条件なしでの北朝鮮との対話を目指すとした。

No.9 近年の女性活躍推進に関する次の記述のうち、妥当なものの組み合わせはどれか。

ア 2023年6月に発表された「女性活躍・男女共同参画の重点方針2023」では、東証プライム市場に上場する企業において30年までに女性役員の比率を25%以上とする目標が明記された。

イ 23年6月に発表された男女共同参画白書では、「昭和モデル」から「令和モデル」への切り替えが提唱された。

ウ 23年5月に改正DV防止法が成立し、裁判所による保護命令について、従来の身体的暴力と生命・身体に関する脅迫に加え、精神的暴力にまで拡大された。

エ 世界経済フォーラム（WEF）が発表した23年版「ジェンダーギャップ報告書」では、日本のジェンダーギャップ指数ランキングは100位で過去最低となった。

① ア、ウ ② ア、エ ③ イ、ウ ④ イ、エ ⑤ ウ、エ

No.10 GX（グリーントランスフォーメーション）に関する記述として妥当なのはどれか。

① GXとは、従来の3つの取り組みに加え、資源投入量・消費量を抑えつつ、ストックを有効活用しながらサービス化等を通じて付加価値を生み出す経済活動とする取り組みのこと。

② 経済社会システム全体の変革のための議論と新たな市場創造のための場として2022年にGXリーグを政府が設置し、未来社会像対話の場、市場ルール形成の場、自主的な排出量取引の場の3つの場を提供している。

③ GX基本方針の中で、原子力発電について「運転期間は30年、延長を認める期間は20年」との制限を設けた上で延長を認めるとした。

④ 基本方針の中で排出削減と産業競争力強化・経済成長を実現するため、炭素の排出に値づけし、GX関連の事業や製品の付加価値を向上させるサーキュラーエコノミー構想が示された。

⑤ 23年5月、脱炭素化の実現に向けて事業規律の強化や環境・系統整備等の措置を盛り込んだ、原発を可能な限り活用する「GX推進法」が成立した。

No.11 以下の法律に関する記述として妥当なのはどれか。

① 2023年4月に改正内閣法が成立し、感染症対応の司令塔として「内閣感染症危機管理統括庁」が厚生労働省の外局として設置された。

② 23年4月に改正新型インフルエンザ等対策特別措置法が成立し、都道府県知事に対する首相の指示権限を弱め、緊急辞退宣言発令時には都道府県知事が独自で命令を下せることを定めた。

③ 23年4月にフリーランス新法が成立し、報酬を相場より著しく低く定めること等を禁止した。違反した事業者には公正取引委員会等が指導や命令を行い、悪質な場合は100万円以下の罰金を科す。

④ 23年6月に改正戸籍法が成立し、戸籍にマイナンバー（個人番号）の届け出を義務化した。

⑤ 23年5月に改正放送法・電波法が成立し、地域の異なる複数の地方放送局が番組表を共通化し、終日同じ番組を放送できるようになった。

No.12 近年の各国のデジタル技術に関する記述として妥当なのはどれか。

① 2023年4月に日本政府はAI戦略チームの初会合を開き、行政における生成AIの利用について、機密情報については原則的に取り扱わずリスクを踏まえて範囲を特定するなどの方針が確認された。

② 23年3月にイタリアのデータ保護当局は、違法な個人情報収集の観点からChatGPTの国内での使用を恒久的に禁止した。

③ 中国はAI規制として23年8月から政府による事後審査を設ける方針を行っている。

④ 23年3月に日本の国内企業と理化学研究所による研究グループが世界初の超伝導量子コンピューターを完成させ、同年10月には愛称を「叡（えい）」に決定した。

⑤ 23年3月、経済産業省は14ナノメートル以下の半導体向け装置23品目を「特定重要物質」として追加する方針を固めた。

No.13 国内外における近年の宇宙開発に関する記述として妥当なのはどれか。

① 2023年8月、インドの無人探査機「チャンドラヤーン3号」がインド初の月面着陸に成功し、世界で初めて月の北極にも着陸した。

② 23年9月にインド初の太陽観測衛星「アディティヤL1」が打ち上げられた。太陽の表面現象であるコロナやフレアの観測を担い、地球磁場の乱れなどの予測を目的とする。

③ 23年9月、月探査機「スリム」と天文衛星「クリズム」を搭載したH3ロケット1号機が打ち上げに成功した。

④ 23年5月、中国は宇宙ステーションの乗組員交代のために有人宇宙船「神舟16号」を打ち上げ、中国史上2人目となる民間人宇宙飛行士を軌道に送り込んだ。

⑤ 23年5月、中国は有人の宇宙貨物船「天舟6号」を打ち上げた。補給船の打ち上げは、中国独自の宇宙ステーション「天宮」の完成後初。

No.14 2023年7月に防衛省が公表した「令和5年版 防衛白書」に関する記述として、妥当なのはどれか。

① 軍備増強を進める中国の動きを軍事・経済両面で競争が激しくなっている中ロのパワーバランスの変化が、インド太平洋地域の平和と安定にも影響する可能性があるとしている。

② 弾道ミサイルの発射を繰り返す北朝鮮については「重大な懸念」と強調した。

③ 令和5年版防衛白書は、22年に国家安全保障戦略などの安保3文書を決定して初の白書で、3文書を解説する章を新設した。

④ ロシアについては、ウクライナ侵略の長期化で通常戦力が大幅に強化され、「核戦力への依存を深めると考えられる」と分析した。

⑤ 白書では、中国が35年までに150発の核弾頭を保有する可能性を指摘した。

No.1 近年の医療や保険等に関する記述として、妥当なのはどれか。

① 22年5月、感染症の流行時など緊急時に医薬品や医療機器を迅速に承認できる環境を整備するため「改正医薬品医療機器等法」が成立。臨床試験の途中段階においても、最大2年間は安全性が確認されていなくとも、有効性が推定された段階での承認が可能になった。

② 近年、高齢化の進展とともに認知症患者数が増加している。我が国では、すべての認知症の人が自らの意思で日常生活や社会生活を営む「共生社会実現への寄与」を国民の責務とする認知症基本法が22年に成立したほか、原因物質であるアミロイドβを取り除き症状を抑える国内2番目となる治療薬も承認された。

③ 中国で19年に新型コロナウイルス(COVID-19)が発生。日本国内での同感染症の位置づけは、当初「新型インフルエンザ等感染症（いわゆる5類相当）」とされていたが、23年5月からは「2類感染症」に引き下げられた。これを受けて政府は、新型コロナ感染症対策本部を廃止し、感染者数の定点把握も終了した。

④ 世界保健機関(WHO)は23年5月、新型コロナ感染症について「国際的な公衆衛生上の緊急事態」の終了を宣言した。一方でWHOは、新型コロナが世界的な脅威ではなくなったわけではないことも強調しており、実際に宣言終了時点で世界では累計7億6500万人が新型コロナウイルスに感染し、690万人が死亡している。

⑤ 我が国における22年の死亡総数は156万8961人で、前年の143万9856人より12万9105人増加し、調査開始以来最多となった。死因別では悪性新生物（腫瘍）が前年と同様死因順位1位となり、第2位は心疾患だった。第3位は感染症で、新型コロナウイルス感染症による死亡が影響した。

No.2 近年の少子化や子供をめぐる動向に関する記述として、妥当なのはどれか。

① 我が国においては少子化問題が喫緊の課題である。2023年に発表された「経済財政運営と改革の基本方針(骨太の方針)」では、「新しい資本主義」の加速に向け、少子化対策としてこども未来戦略方針に基づき、子供・子育て政策の抜本強化により、加速化プランを推進するとした。

② 23年5月、改正健康保険法が成立。出産育児一時金が引き上げられ、これまでの42万円の支給が23年4月以降の出産から62万円に引き上げられた。他方、後期高齢者医療制度の保険料について、年金収入が200万円以上ある人を対象とし、上限額は66万円から80万円に段階的に引き上げられる見込みで、保険料引き上げ分は出産育児一時金の財源として活用される予定である。

③ 少子高齢化による労働力低下が危ぶまれる中、21年からは改正高年齢者雇用安定法が施行された。この法律は70歳就業法とも呼ばれ、70歳までの雇用を希望する従業員の雇用確保が企業に義務づけられている。

④ 我が国においては、22年時点で出生数は7年連続で減少し、過去最低の約81万人となった。一方、少子化は我が国のみの問題ではなく、韓国では1人の女性が生涯に産む子供の数を示す「合計特殊出生率」が22年時点で0.58と、日本の1.26を下回っている。

⑤ 近年、少子化が進む一方で、児童虐待相談は増加しており、こども家庭庁が発表した22年度の児童虐待相談件数は過去最多となった。虐待相談の内容は身体的虐待が最多である。

経済安全保障に関する記述として、妥当なのはどれか。

① 経済安全保障は経済が絡む安全保障であることから、企業や研究機関、貿易といった民間の経済行為も論点となる。2022年に成立した経済安全保障推進法では基幹インフラについて、サイバー攻撃等のおそれがある外国製品が使われていないか、国が事前審査する仕組みが採られ、事前審査にあたって企業には「導入計画書」の提出が企業に義務づけられている。

② ロシアのウクライナ侵攻や米中対立を背景として、経済安全保障の議論が近年世界中で高まりを見せている。このような状況を踏まえ、23年には米国とオーストラリア両国が人工知能（AI）開発や重要技術の輸出管理など、経済分野の協力強化をはかる「太平洋宣言」を発表している。

③ 適正評価（セキュリティー・クリアランス）とは、機密情報にアクセスできる公務員や民間人を政府が審査し、資格を与える仕組みである。23年に成立した外国為替及び外国貿易法(外為法)では、企業など民間人を含んだ適正評価の仕組みが初めて導入されることになった。

④ 供給網（サプライチェーン）とは、原材料の調達から販売等に至るまで、商品やサービスを消費者等顧客に届けるまでの一連の流れのことである。我が国でも、供給網強化を念頭に、日本に工場を建設する台湾のラピダスや国策半導体会社TSMCに向けた基金が組まれている。

⑤ 23年にインドのデリーで行われたG7サミットでは、G7初となる経済安全保障に関する首脳声明を発表した。声明ではロシアを念頭に、経済的依存関係を武器化する行為に断固として反対すると明記し、リチウムなどの重要鉱物や半導体、蓄電池の供給網の強化をG7が連携してはかるとした。

No.4 AI（人工知能）や科学技術をめぐる近時の動向に関する記述として、妥当なのはどれか。

① 生成AIとは、学習データをもとに文章・画像・動画を作成するAI（人工知能）のことで、近年国内外で活発に活用されている。2023年に開かれたG7デジタル・技術相会合の声明では、責任あるAIの実現を目指す原則が確認されたほか、信頼性ある自由なデータ流通（IPEF）の具体化に向けた国際的枠組みを25年に設立することが合意された。

② AIの利用については、そのリスクも大きいことから、各国で規制する動きがある。中国では23年8月からAI規制として政府による事前審査があるほか、23年、イタリアではデータ保護当局GPDPが違法な個人情報収集の観点からChatGPTの国内での使用を一時的に禁止した。

③ Society5.0（超スマート社会）とは、現実空間と仮想空間を融合させたシステムにより、科学技術及び社会課題の解決を両立する社会のことである。23年には政府が「第5期科学技術基本計画」を策定し、我が国が目指すべき社会の姿として提唱している。

④ 量子コンピューターとはスーパーコンピュータと比べて1億倍以上の速さで計算を行うことができるコンピュータである。我が国では23年に国産初となる量子コンピュータが完成しており、25年の実用化に向け、契約を結んだ研究機関や企業が改良に取り組んでいる。

⑤ 23年8月、米国バイデン政権は先端半導体と量子技術、人工知能（AI）の3分野を対象に、米企業などによる中国への投資規制を発表。安全保障上の強い脅威となり得る場合は投資を事前審査し、最先端の技術が中国に軍事転用されることを防ぐねらいがある。

No.5 環境をめぐる近時の動向に関する記述として、妥当なのはどれか。

① 国連の気候変動に関する政府間パネル（IPCC）は「パリ協定」の事実上の長期目標である2.0度を達成するために、温室効果ガス排出量を2019年比で40年までに70％の削減が必要だとしている。23年に札幌で開かれたG7気候・エネルギー・環境大臣会合でも、これに準拠した目標を共同声明に盛り込んだ。

② 23年、国連本部にて30年までの達成を目指す国際目標SDGsに関する首脳級会合「SDGsサミット」を4年ぶりに開催。環境宣言では、約140のSDGs目標のうち順調に進んでいるのは約15％であるとし、「SDGsの達成は危機に直面している」と警鐘を鳴らした。

③ 宇宙基本計画とは、宇宙基本法に基づいて宇宙開発・利用に関する施策について、総合的かつ計画的な推進を図ることを目的とする計画である。この計画は、政府の宇宙開発戦略本部が策定して閣議決定するもので、23年には環境や産業などの観点から改定が行われた。

④ 23年、東京電力福島第一原発で処理水の海洋放出が始まった。処理水とは、東京電力福島第一原発の原子炉建屋などの地下にたまる汚染水から、多核種除去設備（ALPS）で大半の放射性物質を除去し、ストロンチウム（三重水素）以外の大部分の放射性物質を取り除いた水のことで、海洋放出には環境影響を評価しづらいといったデメリットがある。

⑤ GX（グリーントランスフォーメーション）とは、化石燃料からクリーンエネルギー中心へと転換し経済システム全体を変革する取り組みのこと。わが国では23年、環境大臣が議長を務めるGX実行会議にて「GX実現に向けた基本方針」が閣議決定され、GXの加速を新たな需要・市場の創出、日本経済の産業競争力強化・経済成長につなげていく方針が示された。

No.6 近年の災害に関する記述として、妥当なのはどれか。

① 23年は1923年に発生した関東大震災から100年の節目の年にあたる。気象庁は23年から、大きな地震の際に生じる周期が短いゆっくりとした大きな揺れである「短周期地震動」の予測を緊急地震速報の発表基準として追加している。

② 我が国では、23年3月に災害時の個人情報利活用を目指す指針が策定された。安否不明者の氏名公表に対し、家族の同意なしで公表できることを定めた一方で、死者は対象外となる方針である。

③ 23年3月、山梨県、静岡県、神奈川県の3県及び国で構成される富士山火山防災対策協議会が、富士山噴火時の新たな避難計画をまとめた。溶岩流到達が予想される地域の住民について、従来は車で避難としていたが、改定後は渋滞を避けるため原則公共交通機関による移動と定めた。

④ 23年は世界各地で大規模自然災害が多発した。8月、米ハワイ州オアフ島にて、強風で倒れた送電線を火元とする山火事が発生し、9月時点で97人が死亡する被害が出た。また、9月にはニジェール東部で大規模な洪水が発生したほか、同月にモロッコで2900人以上の犠牲者を出す大地震が発生している。

⑤ 線状降水帯とは、乱層雲群によって数時間にわたって同じ区域を通過または停滞することで作り出される、線上に伸びた強い降水を伴う雨域のこと。気象庁は21年より「顕著な大雨に関する気象情報」を発表しており、23年には情報発表をこれまでより最大30分早めることを発表し、24年からの運用を目指す。

No.7 我が国の教育に関する記述として、妥当なのはどれか。

① GIGAスクール構想とは、2019年に開始された児童・生徒1人に1台の端末と高速通信環境を整備する取り組み。24年度から小学校で使われる検定教科書については、GIGAスクール構想でデジタル化が進展したことを背景に、全11教科149冊全点に動画や音声にアクセスできるQRコードが掲載されることが決定している。

② 23年6月、性的少数者の理解増進法が成立した。性的少数者に対する「不当な差別はあってはならない」と規定し、国や自治体、学校や企業に啓発活動や相談体制整備の義務を課した。違反した学校などの教育機関については罰則が科されることになる。

③ インクルーシブ教育とは、障害がある児童が特別支援学校または特別支援教室等に在籍し、健常児とは異なる教室で、内容において同じ授業を受けさせる教育のこと。23年に閣議決定された第4期教育振興基本計画ではインクルーシブ教育の推進も盛り込まれている。

④ 22年度に実施された教員勤務実態調査が公表された。それによると、月45時間以上の時間外労働をしていた教諭の割合は、前回調査と比べ小学校と中学校ともに減少している。一方で、月80時間の時間外労働を基準とする「過労死ライン」に達する教諭の割合は大幅に増加している。

⑤ 文科省は23年7月、学校で生成AIを使う際の留意点をまとめたガイドラインを公表。生成AIは発展途上の技術であり、利便性は高いが個人情報流出などの懸念があることを指摘している。また、生成AIにすべてを委ねるのではなく、自分の判断や考えが重要であることを強調。とくに中学校段階で使わせることには慎重な対応が必要とした。

No.1

① ○

② × 「切り離し（デカップリング）」→「脱リスク（デリスキング）」

③ × 「安全なＡＩ」→「信頼できるAI」

④ × 太陽光発電と洋上風力発電の記述が逆。

⑤ × すべての人が性的自認や性的指向とは関係なく、暴力や差別のない生活を
享受できる社会を実現するという文言が盛り込まれた。

No.2

① × 「インドのモディ首相」→「中国の習近平国家主席」

② × ロシアは名指しされていない。

③ × 人工知能に関する文言も盛り込まれた。

④ ○

⑤ × 途上国の債務問題についての文言も盛り込まれた。

No.3

ア ○

イ × 現在ウクライナはNATOに加盟していないが、「将来の加盟」で加盟国が
合意している。

ウ × 「イタリア」→「フランス」

エ ○

よって正解は②。

No.4

① × 半導体の世界シェアを20%に倍増させるとした。

② × 「南シナ海」→「台湾海峡」

③ × 中国を体制上のライバルとした。

④ ○

⑤ × 保守系与党「法と正義（PiS）」が過半数を割り、トゥスク元首相率いる親
EUの「市民連立」など野党勢力が過半数を獲得した。

① × グローバル・ノースは北半球を中心とした経済的に豊かである国々のこと。
　　　ここで述べられているのは、正しくは南半球を中心とした新興国・途上国
　　　である「グローバル・サウス」のこと。

② × 「生産者物価指数」→「消費者物価指数」

③ × 対前年比で3.4％のプラス成長となったが、21年の6.3％に比べて成長は
　　　鈍化した。

④ ○

⑤ × シンガポール→インド

No.6

① × 22年度は個人消費や企業の設備投資の増加により内需が持ち直し、実質
　　　GDPは前年比1.2％のプラス成長となった。

② × 「円高ドル安」→「円安ドル高」

③ × 「円高」→「円安」。

④ × コロナ禍では需要の大幅な落ち込みから先進諸国の需給ギャップはマイナ
　　　ス幅が拡大した。

⑤ ○

No.7

① × 22年に成立した経済安全保障推進法に基づく重要物資はすべて含まれる
　　　ことになった。

② ○

③ × 「使用目的」→「国籍」

④ × 「北朝鮮」→「ロシア」

⑤ × 「ロシア」→「中国」

① × 声明では中国、北朝鮮、ロシアへの避難も盛り込まれた。

② × 「SSC8」→「トマホーク」

③ × 日本が主導する自由で開かれたインド太平洋（FOIP）実現に向けた連携の強化が確認された。

④ ○

⑤ × これは23年1月に行われた日米首脳会談の内容ではなく、23年8月に米国キャンプ・デービッドにおいて行われた日米韓首脳会談での内容。

ア × 「25％」→「30％」

イ ○

ウ ○

エ × 「100位」→「125位」

よって正解は③。

① × GXとは、温室効果ガスを発生させる化石燃料からクリーンエネルギー中心へと転換し経済システム全体を変革しようとする取り組み。

② ○

③ × 延長を認める期間は最大10年。

④ × 「サーキュラーエコノミー構想」→「成長志向型カーボンプライジング構想」サーキュラーエコノミー構想とは、素材や資源をできる限り長く保全・維持し、廃棄物の発生を最小限としていくこと。

⑤ × 「GX推進法」→「GX脱炭素電源法」

① × 「厚生労働省の外局」→「内閣官房」

② × 首相の指示権限を強化し、緊急事態宣言等が発令されていなくても政府対策本部が設置された時点で指示を認めることととした。

③ × 「100万円」→「50万円」

④ × 「マイナンバー（個人番号）」→「氏名の読み仮名」

⑤ ○

No.12

① ○

② × ChatGPTの制限は23年4月に解除された。

③ × 「事後審査」→「事前審査」

④ × 「世界初」→「国産初」

⑤ × 「特定重要物質」→「輸出規制対象」

No.13

① × 「北極」→「南極」

② ○

③ × 「H3ロケット1号機」→「H-IIAロケット47号機」

④ × 「中国史上2人目」→「中国初」

⑤ × 「有人」→「無人」

No.14

① × 「中ロ」→「米中」

② × 「重大な懸念」ではなく「従前よりも一層重大かつ差し迫った脅威」と強調した。

③ ○

④ × ロシアはウクライナ侵略の長期化で通常戦力が大幅に「減退」。

⑤ × 「150発」→「1500発」

No.1

① ✕　前半は正しいが、後半が誤り。臨床試験の途中段階において、安全性が確認されていなければならない。

② ✕　前半は正しいが、後半が誤り。認知症基本法が成立したのは「23年」。また、アミロイドβを取り除き、認知症の症状を抑える治療薬は「国内初」となる。

③ ✕　5類と2類が逆になっている。

④ ◯

⑤ ✕　前半は正しいが、後半が誤り。死因の第3位は老衰である。

No.2

① ◯

② ✕　2行目と3行目が間違い。出産育児一時金が引き上げられ、これまでの42万円の支給が23年4月以降の出産から「50万円」に引き上げられた。また、後期高齢者医療制度の保険料引き上げの対象について、年金収入が「153万円」以上ある人が対象となる。

③ ✕　前半は正しいが後半が誤り。65歳までは義務づけられているが、70歳までの就業機会を確保することは「努力義務」にすぎない。

④ ✕　22年時点の出生数は約77万人で、初めて80万人を割った。また、韓国の合計特殊出生率は22年時点で「0.78」。

⑤ ✕　前半は正しいが後半が誤り。虐待相談の内容は「心理的虐待」が最多。

No.3

① ◯

② ✕　後半が誤り。23年には英米両国が「大西洋宣言」を発表した。

③ ✕　後半が誤り。このような事実はない。

④ ✕　ラピダスとTSMCが逆。

⑤ ✕　G7サミットが開かれたのはデリーではなく広島。また、声明では中国を念頭に経済安全保障について連携が示された。

No.4

① ✕　信頼性ある自由なデータ流通はIPEFではなく、DFFT。IPEFはインド太平洋経済枠組み。また、DFFT具体化の枠組みを設立する制度については合意されていない。

② ◯

③ ✕　2行目、「科学技術」→「経済発展」、「23年」→「16年」

④　×　国産初の量子コンピュータの実用化は2040年以降の見込み。

⑤　×　安全保障上の強い脅威となり得る場合の投資は「事前審査」ではなく、「禁止」される。

No.5

①　×　「パリ協定」の事実上の長期目標は1.5度。達成のためには温室効果ガス排出量を19年比で35年までに60％の削減が必要だとしている。

②　×　SDGsサミットではなくSDGサミット。また、環境宣言ではく、政治宣言が出された。

③　○

④　×　「ストロンチウム」→「トリチウム」。また、海洋放出は、環境影響を評価しやすいとされる。

⑤　×　「環境大臣」→「内閣総理大臣」

No.6

①　×　気象庁は大きな地震の際に生じる周期が長いゆっくりとした大きな揺れである「長周期地震動」の予測を緊急地震速報の発表基準として追加している。

②　○

③　×　最後の部分は、公共交通機関による移動ではなく、徒歩避難。

④　×　オアフ島ではなく、マウイ島。また、大規模洪水が発生したのはニジェールではなく、リビア。

⑤　×　線状降水帯を作り出すのは乱層雲ではなく、積乱雲。また、「顕著な大雨に関する気象情報」は23年より、情報発表を現状より最大30分早める運用がすでに開始されている。

No.7

①　○

②　×　国や自治体、学校や企業に啓発活動や相談体制を整備するのは義務ではなく努力義務。よって、3行目も誤り。

③　×　インクルーシブ教育とは障害などがある児童が特別支援学校または特別支援教室等に在籍せず、そうでない子供と同じ教室で、同じ授業を受ける教育のこと。

④　×　前半は正しいが、後半が誤り。「過労死ライン」に達する教諭の割合も減少している。

⑤　×　中学校段階ではなく、小学校段階。

索　引

173

索　引

編著者

公務員試験専門 喜治塾　　こうむいんしけんせんもん きじじゅく

東京にある公務員試験に特化したスクール。1999年から公務員試験受験者への指導を行う。都庁・県庁・特別区をはじめ、国家総合職（法律）、外務省専門職員、国家一般職などで、毎年、多くの合格者を輩出している。過去の出題傾向を徹底的に分析・把握し、短期間で最大の効果を生み出す指導に定評がある。

〒169-0075 東京都新宿区高田馬場3-3-1　ユニオン駅前ビル5・8階
TEL 03-3367-0191　FAX 03-3367-0192　URL https://www.kijijuku.com/

代表

喜治賢次　　きじ けんじ

慶應義塾大学法学部法律学科卒。東京の新宿区役所で、教育委員会、都市整備部などに所属。35歳で公務員を退職し、行政研究、政策提言活動とともに後進の指導に従事する。1999年に公務員採用試験の合格指導、現職公務員の研修を行う「喜治塾」を創立。並行して地域コミュニティ活動にも積極的に参加。2008年には内閣府政策企画調査官を務める。

7日でできる！

公務員試験　最新【予想】時事

編著者　公務員試験専門 喜治塾
発行者　高橋秀雄
発行所　株式会社 高橋書店
　　　　〒170-6014 東京都豊島区東池袋3-1-1 サンシャイン60 14階
　　　　電話　03-5957-7103

©TAKAHASHI SHOTEN　Printed in Japan